W0288564

Handels- und Gesellschaftsrecht für Dummies Prüfungstrainer

André Niedostadek

Handels- und Gesellschaftsrecht für Dummies Prüfungstrainer

WILEY

WILEY-VCH Verlag GmbH & Co. KGaA

Bibliografische Information der Deutschen Nationalbibliothek
Die Deutsche Nationalbibliothek verzeichnet diese Publikation in der Deutschen Nationalbibliografie; detaillierte bibliografische Daten sind im Internet über `http://dnb.d-nb.de` abrufbar.

1. Auflage 2014

Printed in Germany

Gedruckt auf säurefreiem Papier

MIX
Papier aus verantwortungsvollen Quellen
FSC® C006701

Coverfoto: © Sashkin – shutterstock.com
Satz: Beltz Bad Langensalza GmbH, Bad Langensalza
Druck und Bindung: CPI – Ebner & Spiegel, Ulm

Print: ISBN: 978-3-527-70910-6

Über den Autor

»Jura kann jeder lernen!« – mit diesem Credo hat André Niedostadek bereits zahlreiche Studierende mit den Grundlagen des Handels- und Gesellschaftsrechts vertraut gemacht. Nach dem eigenen Studium der Rechtswissenschaften an den Universitäten Münster und Aberystwyth in Wales sowie einem Forschungsaufenthalt an der Universität Cambridge sammelte er selbst zunächst mehrere Jahre lang vielfältige Berufserfahrungen als Consultant, Rechtsanwalt und Referent in unterschiedlichen Unternehmen, bevor er schließlich 2008 als Hochschullehrer an die Hochschule Harz wechselte. Dort gibt er sein Wissen und seine Erfahrung heute als Professor für Wirtschafts-, Arbeits- und Sozialrecht weiter. Als Dozent, Berater und Gutachter hält er darüber hinaus weiterhin den Bezug zur Praxis. Er ist Verfasser und Herausgeber mehrerer Bücher sowie Autor von Studienbriefen und Fachbeiträgen zu verschiedenen rechtlichen Themen. Leserinnen und Lesern der ... *für Dummies*-Reihe ist er bereits als Autor der beiden Bände *Handels- und Gesellschaftsrecht für Dummies* und *BGB für Dummies* bekannt.

Inhaltsverzeichnis

Einführung

Kennen Sie *Phileas Fogg*, den etwas kauzigen englischen Gentleman, und *Passepartout*, seinen Diener? Richtig, das sind die Helden in dem Roman »In 80 Tagen um die Welt«. Darin schickt der französische Autor *Jules Verne* die beiden nach einer Wette auf eine Tour rund um den Globus (wobei ihnen ein Detektiv immer mehr oder weniger dicht auf den Fersen ist). Verglichen damit sollte es doch ein Spaziergang sein, sich in sieben Tagen auf eine Klausur im Handels- und Gesellschaftsrecht vorzubereiten, oder? Sie meinen: »Hallo! Schriftsteller erfinden Geschichten. Die Prüfung im Handels- und Gesellschaftsrecht ist aber bittere Realität!« Aber, aber – selbst Geschichten beruhen häufig auf wahren Begebenheiten. Also: Nichts ist unmöglich.

Über dieses Buch

Dieses Buch bietet Ihnen einen etwas anderen Zugang zum Handels- und Gesellschaftsrecht. Es möchte Sie davon überzeugen, dass Sie nicht viel zu wissen brauchen, um eine Prüfung im Handels- und Gesellschaftsrecht zu meistern. Sie meinen, das klingt zu schön, um wahr zu sein, ja fast schon unseriös? Es ist aber tatsächlich so. Viele Studierende schleppen eine Menge an Detailwissen (und dabei so manchen unnötigen Ballast) mit sich herum. Das ist gar nicht nötig, wenn man eine Grundregel beherzt, die allzu häufig missachtet wird: die Arbeit mit dem Gesetzestext. Bekanntlich muss man in der Juristerei nicht viel wissen, aber doch ein Gespür dafür haben, wo etwas steht. Darin steckt nicht nur ein Körnchen Wahrheit. Das ist ein ganzes Silo voll! Und Sie können es sich mit diesem Buch zunutze machen – getreu der Devise: Ein Blick ins Gesetz erleichtert die Rechtsfindung!

Was dürfen Sie also konkret erwarten und was nicht? Erwarten dürfen Sie Unterstützung, wenn Sie sich innerhalb eines überschaubaren Zeitraums kompakt auf die ersten anstehenden Prüfungen im Handels- und Gesellschaftsrecht vorbereiten wollen. Erwarten Sie jedoch kein Lehrbuch, um sich diese Rechtsmaterie erstmals zu erschließen. Wenn Sie danach suchen, greifen Sie zu *Handels- und Gesellschaftsrecht für Dummies*. Das erklärt Ihnen die Zusammenhänge. In diesem Buch wird der Lernstoff deshalb nicht noch einmal komplett wiederholt (das wäre ja doppelt gemoppelt).

Worum geht es dann? Überprüfen Sie hier Ihre Kenntnisse und Ihr Verständnis im Hinblick auf typische prüfungsrelevante Themen. Aber vielleicht studieren Sie gar nicht speziell Jura, sondern das Handels- und Gesellschaftsrecht ist für Sie eher ein Nebenfach? Dann werden Sie sich vielleicht darüber freuen, dass verzwickte juristische Details in aller Regel ohnehin nicht erwartet werden. Oftmals geht es darum, ausgewählte Fragen zu beantworten oder eventuell kleinere Fälle zu lösen. Sollten Sie Jura studieren, bietet Ihnen dieses Buch bei der Prüfungsvorbereitung ebenfalls Hilfe, wenn Sie die zentralen Inhalte dieses Rechtsgebiets wiederholen wollen. Im Mittelpunkt dieses Buches steht zwar nicht die spezielle Anleitung zur Lösung von Fällen (dazu finden Sie bereits etwas in *Handels- und Gesellschaftsrecht für Dummies*), gleichwohl bietet es Ihnen die Grundlage dafür. Denn bevor man versucht, Fälle zu lösen, muss man dieses Rechtsgebiet erst einmal durchschauen, wichtige Probleme (er)kennen und vor allem im Umgang mit dem Gesetz geübt sein. Und genau darum geht es hier (ein paar Tipps zur Falllösung finden Sie aber gleichwohl).

Was immer also bei Ihnen ansteht: Sehen Sie ganz einfach, ob es »klick« gemacht hat, damit Sie sich nicht kopflos in ein(e) Prüfung(sabenteuer) stürzen. Sie können dieses Buch in sieben Tagen durcharbeiten (je nach Vorwissen und Engagement gegebenenfalls sogar schneller). Jeder Tag ist in drei Abschnitte unterteilt, die regelmäßig nach dem gleichen Schema aufgebaut sind:

✓ **Kurz wiederholt:** Diese Rubrik stimmt Sie auf die »Basics« ein.

✓ **Aufgaben:** Hier können Sie Ihre Kenntnisse und Ihr Verständnis anwenden und kontrollieren.

✓ **Lösungshinweise** sagen Ihnen, ob Sie mit Ihren Überlegungen richtig liegen.

Ein Großteil der Fragen, Aufgaben und Übungen lässt sich allein mit dem Gesetz beantworten. Sollten Sie wirklich einmal etwas lernen müssen, gibt es dazu einen Extrahinweis. Eines kann Ihnen der »Prüfungstrainer« freilich nicht abnehmen: selbst zu trainieren. Hier sind Sie gefragt! Wie sagte schon der alte Dichterjurist *Johann Wolfgang von Goethe*: »Es ist nicht genug zu wissen – man muss auch anwenden. Es ist nicht genug zu wollen – man muss auch tun.«

Wie Sie dieses Buch am besten nutzen

Für die Arbeit mit diesem Buch benötigen Sie eigentlich nur zweierlei: Die einschlägigen Gesetze und Ihr Köpfchen. Am meisten werden Sie profitieren, wenn Sie sich darauf einlassen, die Fragen, Aufgaben und Übungen tatsächlich eigenständig zu bearbeiten. Manchmal können Sie Ihre Überlegungen hier im Buch gleich schriftlich festhalten. Verzichten Sie nicht darauf. Lernen Sie keine Vorschriften auswendig, machen Sie es sich vielmehr zur Angewohnheit, immer wieder den Gesetzestext heranzuziehen und eine Vorschrift – Obacht! – zu studieren. Widerstehen Sie unbedingt der Versuchung, den Kopf vorschnell in den Sand zu stecken, zu raten oder mal eben bei den Antworten und Lösungshinweisen zu »spicken«. Ich wünsche Ihnen sogar, hier den einen oder anderen Fehler zu machen. Warum? Nun, aus seinen Fehlern lernt man ja bekanntlich am meisten. Etwaige Wissens- und Verständnislücken können Sie sich leicht mit einem Lehrbuch erarbeiten, etwa dem *Handels- und Gesellschaftsrecht für Dummies*. Sie können dieses Buch auch begleitend zu Ihrer Vorlesung nutzen und gegebenenfalls Aspekte, die hier vielleicht aus Platzgründen ausgeklammert bleiben mussten, selbstständig ergänzen. So bekommen Sie einen individuellen Leitfaden für Ihre Prüfungsvorbereitung.

Begriffe, die in diesem Buch verwendet werden

Wie in allen Büchern der … *für Dummies*-Reihe ist die maßgebliche Richtschnur, ein Thema anschaulich zu vermitteln. Nichts anderes gilt für diesen Prüfungstrainer, wenngleich Sie durchaus ein paar Kenntnisse mitbringen sollten. Gerade in Prüfungen kommt es immer wieder darauf an zu zeigen, dass einem die zentralen Begriffe eines Faches nicht völlig fremd sind. Das gilt für das Handels- und Gesellschaftsrecht ebenfalls. Dort gibt es sogar einige Begriffe, die mitunter eine andere Bedeutung haben als in der Alltagssprache. Um also wirklich mitreden zu können, macht Sie dieses Buch damit ebenfalls vertraut (übrigens sind zentrale Begriffe regelmäßig *kursiv* hervorgehoben oder sogar eigens mit einem Symbol gekennzeichnet). Sie brauchen also auch in dieser Hinsicht in einer Prüfung nichts zu befürchten.

Konventionen in diesem Buch

Dieser Prüfungstrainer kann Sie nicht auf jede erdenkliche Prüfungssituation, Frage und Aufgabe vorbereiten (dafür sind das Handels- und Gesellschaftsrecht viel zu breit gefächert). Sie finden hier aber immerhin die typischen Prüfungsthemen. Alles andere sollte sich auf dieser Basis zumindest meistern lassen. Also keine Scheu vor Unbekanntem! Übrigens werden Sie selbst in der Praxis immer wieder gefordert sein, nicht nur Aufgewärmtes wiederzukäuen, sondern mit Grundkenntnissen und Fertigkeiten unbekannte Problemstellungen zu meistern.

Was Sie nicht lesen müssen

Die einzelnen Kapitel dieses Buches widmen sich unterschiedlichen Facetten des Handels- und Gesellschaftsrechts. Sie brauchen das Buch dabei nicht von der ersten bis zur letzten Seite durchzuackern. Sie können das eine oder andere zunächst zurückstellen und später darauf zurückkommen oder sogar ganz darauf verzichten, wenn Sie sich schon fit genug fühlen (wobei eine Wiederholung sicher nicht schadet). Zudem sind einige Passagen mit grauen Kästchen hinterlegt. Sie beziehen sich auf ergänzende Fragen oder besondere Klausurprobleme. Wenn es Ihnen um die Grundlagen geht, brauchen Sie die vertiefenden Hinweise auch nicht gleich in Angriff zu nehmen.

Törichte Annahmen über den Leser

Dieser Prüfungstrainer zum Handels- und Gesellschaftsrecht lässt sich flexibel einsetzen. Töricht wäre es aber vermutlich anzunehmen, Sie hätten zu diesem Buch gegriffen,

✓ um in der U-Bahn endlich mit der netten Kommilitonin oder dem netten Kommilitonen von Gegenüber ins Gespräch zu kommen,

✓ um Ihren schon seit Monaten wackelnden Küchentisch damit abzustützen,

✓ weil Sie gehört haben, man müsse sich durch manche Fächer regelrecht »durchbeißen« und Sie mit diesem Buch etwas zum Knabbern suchen.

Keine Frage, zumindest zu den beiden ersten Zwecken lässt sich das Buch ebenfalls nutzen (zum Knabbern gibt's vielleicht verdaulichere Kost). Aber vermutlich möchten Sie doch ganz einfach bloß die nächste Klausur bestehen, nicht wahr? Dann liegen Sie hier richtig.

Wie dieses Buch aufgebaut ist

Was liegt näher, als ein Buch, das in sieben Tagen auf eine Prüfung vorbereiten möchte, in sieben Teile zu gliedern?

Teil I (1. Tag) Gleich mittendrin: Die Grundlagen, der Kaufmann und das Registerrecht

Wiederholen Sie am ersten Tag zunächst die Grundlagen des Handels- und Gesellschaftsrechts (Kapitel 1) sowie wichtige Aspekte zum Kaufmann (Kapitel 2), bevor Sie dann abschließend noch mit dem Registerrecht (Kapitel 3) ein wirklich sehr (!) prüfungsrelevantes Thema in den Blick nehmen können.

Teil II (2. Tag) Die nächste Etappe: Die Firma und die Vertretung des Kaufmanns

Am zweiten Tag stehen das Firmenrecht (Kapitel 4) und die Vertretung des Kaufmanns (Kapitel 5) – und dabei vor allem die Prokura und Handlungsvollmacht – auf dem Programm.

Teil III (3. Tag) Heute sind Sie »busy«: Die Handelsgeschäfte

Der dritte Tag steht ganz im Zeichen der Handelsgeschäfte (Kapitel 6 und 7). Übrigens lassen Sie an diesem Tag das Handelsrecht schon hinter sich.

Teil IV (4. Tag) Von jetzt an nicht mehr allein: Die Gesellschaft bürgerlichen Rechts

Am vierten Tag können Sie sich dann ganz entspannt den rechtlichen Aspekten rund um die Gesellschaft bürgerlichen Rechts widmen (achtes und neuntes Kapitel).

Teil V (5. Tag) Dem Ziel ein Stück näher: Die offene Handelsgesellschaft

Am fünften Tag geht es dann nahtlos weiter mit der offenen Handelsgesellschaft (Kapitel 10 und 11).

Teil VI (6. Tag) Endspurt: Die Kommanditgesellschaft

Am sechsten Tag erfahren Sie insbesondere mehr zu den Besonderheiten der Kommanditgesellschaft (12. und 13. Kapitel).

Teil VII (7. Tag) Geschafft: Die Gesellschaft mit beschränkter Haftung

Und schon bricht Tag sieben an. Hier geht es nun abschließend noch um die Gesellschaft mit beschränkter Haftung (Kapitel 14 und 15).

Ein ergänzendes Stichwortverzeichnis hilft Ihnen darüber hinaus, bestimmte Aspekte gezielt aufzuspüren.

Symbole, die in diesem Buch verwendet werden

Verschiedene Passagen sind mit den typischen Symbolen der ... *für Dummies*-Reihe gekennzeichnet. Sie stehen für zusätzlich eingestreute Tipps, Beispiele, Warnungen, Hinweise, Erklärungen und anderes mehr. Kurz und bündig sind es in diesem Buch fünf Symbole:

Dieses Symbol macht Sie auf wichtige oder interessante Facetten aufmerksam und betont noch einmal bestimmte Punkte des vorherigen Abschnitts.

Dieses Symbol verrät Ihnen prüfungsrelevante Tipps für die Klausur.

Prüfungen bergen immer auch so manche Fallstricke. Die mit diesem Symbol gekennzeichneten Textpassagen bewahren Sie vor Schlimmerem.

Hier finden Sie Hinweise, wo Sie im *Handels- und Gesellschaftsrecht für Dummies* nachlesen können, falls Sie sich eingehender mit bestimmten Themen vertraut machen möchten.

Bei diesem Symbol haben Sie ausreichend Gelegenheit, Ihre Kenntnisse zu überprüfen.

Wie es weitergeht

Wenn Sie wollen, können Sie sich gleich auf den ersten Teil stürzen. Sie können aber auch an anderer Stelle beginnen – ganz wie Sie möchten. Schauen Sie sich vielleicht die kurzen Testaufgaben zu Beginn der Teile an. Dann sehen Sie schon in etwa, worum es geht. Hinten im Buch finden Sie Lösungshinweise. Wenn Sie mit Ihren Antworten richtig liegen, dann sind Sie eigentlich schon auf einem guten Weg. Wenn es hakt, können Sie bei den einzelnen Kapiteln vertieft einsteigen. Nur nebenbei: Wussten Sie, dass Mr. *Fogg* nicht nur diverse Abenteuer gemeistert, sondern – na, wie könnte es anders sein? – mit *Aouda* noch die Liebe seines Lebens gefunden hat? Wer weiß, vielleicht können Sie sich ja am Ende sogar für das Handels- und Gesellschaftsrecht erwärmen …

Unter `http://www.downloads.fuer-dummies.de` finden Sie noch zwei rasche Listen zum Downloaden und Nachschlagen: Prüfungsklassiker zum Handels- und zum Gesellschaftsrecht, das heißt Themen, die in (fast) jeder Prüfung drankommen. Schauen Sie irgendwann im Laufe der Prüfungsvorbereitung mal drauf!

Teil I (1. Tag)
Gleich mittendrin: Die Grundlagen, der Kaufmann und das Registerrecht

Aufgabe Kapitel 1: So gelingt Ihr Einstieg in das Handels- und Gesellschaftsrecht

- ✓ Ist Ihnen geläufig, inwiefern das Handelsrecht ein *Sonderprivatrecht der Kaufleute* ist?
- ✓ Wissen Sie, was Personengesellschaften und Kapitalgesellschaften ausmacht?
- ✓ Können Sie die Begriffe Innen- und Außenverhältnis sowie Innen- und Außengesellschaft erläutern?
- ✓ Was unterscheidet die Geschäftsführung von der Vertretung?
- ✓ Welche Grundsätze und Prinzipien des Gesellschaftsrechts sind Ihnen bekannt?

Aufgabe Kapitel 2: Hieran kommen Sie nicht vorbei: Der Kaufmann

- ✓ Wissen Sie, wann Personen aufgrund einer bestimmten Tätigkeit zu Kaufleuten werden?
- ✓ Wer wird durch Eintragung in das Handelsregister zum Kaufmann?
- ✓ Wer ist bereits aufgrund der Rechtsform Kaufmann?
- ✓ Wer wird als Kaufmann behandelt, obwohl er keiner ist?

Aufgabe Kapitel 3: Knifflig und klausurrelevant: Das Registerrecht

- ✓ Was steht im Handelsregister?
- ✓ Wie kommt überhaupt etwas ins Handelsregister?
- ✓ Kennen Sie die Funktionen des Handelsregisters?
- ✓ Welche Vorschrift gilt als die zentrale Norm und warum?

In diesem Teil ...

Hier haben Sie gleich Gelegenheit zu überprüfen, inwieweit Sie die Grundlagen des Handels- und Gesellschaftsrechts »draufhaben«. Mit dem Kaufmanns- und dem Registerrecht können Sie darüber hinaus zwei prüfungsrelevante Schwergewichte angehen.

So gelingt Ihr Einstieg in das Handels- und Gesellschaftsrecht

1

In diesem Kapitel …

- Grundzüge des Handelsrechts wiederholen
- Sich im Gesellschaftsrecht orientieren
- Wichtige Weichen stellen

Schon die Überschrift zu diesem Kapitel lässt erahnen, worum es geht, nämlich um nicht weniger als die Grundlagen des Handels- und Gesellschaftsrechts. Da es zwischen beiden Rechtsbereichen vielfältige Berührungspunkte gibt, lohnt es sich, gleich zu Beginn einige Aspekte zusammen zu wiederholen – schließlich baut alles Weitere darauf auf. Wenden Sie sich also zunächst den Basics beider Rechtsgebiete zu, bevor Sie sich an einige Aufgaben und Übungen machen. Die Themen in diesem Kapitel beinhalten einiges an Grundwissen, das Sie parat haben sollten.

Wenn Sie sich hinsichtlich der Basics nicht mehr ganz sicher sind, schauen Sie in Kapitel 2 in *Handels- und Gesellschaftsrecht für Dummies* nach.

Kurz wiederholt: Die Basics zum Handelsrecht

Das Sonderprivatrecht der Kaufleute

Das Handelsrecht ist

- **Sonderrecht**, weil es einer besonderen Gruppe von Beteiligten gilt.
- **Privatrecht**, weil es als solches die Rechtsbeziehungen zwischen gleichgeordneten Rechtssubjekten regelt. (Abzugrenzen ist das Privatrecht übrigens vom *öffentlichen Recht,* das staatliche Institutionen als »Träger öffentlicher Gewalt« betrifft – etwa im Verhältnis Bürger – Staat). Als Privatrecht ergeben sich damit zugleich Berührungspunkte zum Bürgerlichen Gesetzbuch (BGB).
- **Kaufmannsrecht**, weil es in aller Regel die Kaufmannseigenschaft mindestens eines Beteiligten voraussetzt.

Das Handelsrecht ist also (von wenigen Ausnahmen abgesehen) nur anwendbar, wenn zumindest einer der Beteiligten Kaufmann ist (siehe § 345 HGB).

Ein vielfältiges Rechtsgebiet

- ✓ **Handelsrecht »im engeren Sinne«** bezeichnet man vor allem das im Handelsgesetzbuch (HGB) selbst geregelte Recht. Um diesen Rechtsbereich geht es hier maßgeblich, und zwar vor allem um das erste und vierte Buch des HGB.
- ✓ **Handelsrecht »im weiteren Sinne«** umfasst weitere Rechtsbereiche mit handelsrechtlichem Bezug, wie etwa das Bank- und Börsenrecht. Diese speziellen Rechtsbereiche bleiben im Folgenden allerdings ausgeklammert.

Ein Rechtsgebiet mit langer Tradition

Schon im Mittelalter bildete sich ein Handelsstand heraus. Bekannte Zusammenschlüsse waren die *Hanse* (seit dem 12. Jahrhundert) oder später der *Zollverein* (1834). Seit 1807 gilt in Frankreich der *Code de Commerce*. In Deutschland trat 1861 das *Allgemeine Deutsche Handelsgesetzbuch* (ADHGB) als erste umfassende handelsrechtliche Regelung in Kraft. Seit 1900 gilt das *Handelsgesetzbuch* (HGB).

Aufgaben Kapitel 1 – Block I zum Handelsrecht

Nachstehend haben Sie die Gelegenheit, Ihr bisheriges Wissen anzuwenden und damit Ihr Verständnis zu vertiefen.

Aufgabe 1.1

In welchem Verhältnis stehen die Regelungen des HGB und des BGB zueinander? Wählen Sie eine der drei möglichen Antworten:

a) Das HGB regelt das Handelsrecht abschließend. Weitere Vorschriften, insbesondere solche des BGB, sind nicht zu beachten.

b) Das HGB enthält spezielle Vorschriften, die im Handelsverkehr vorrangig zu beachten sind. Ergänzend sind die allgemeinen Regelungen des BGB heranzuziehen.

c) Die Parteien können vereinbaren, ob das im HGB geregelte Handelsrecht oder das im BGB geregelte bürgerliche Recht Anwendung finden soll.

Aufgabe 1.2

Da die Anwendbarkeit des Handelsrechts von der Kaufmannseigenschaft mindestens eines Beteiligten abhängt, spricht man davon, dass das Handelsrecht dem ______________ System folgt. Anders ist es beim ______________ System.

Aufgabe 1.3

Warum braucht man überhaupt ein spezielles Handelsrecht? Schließlich gibt es doch das BGB als eine wichtige privatrechtliche Grundlage. Welche Gründe fallen Ihnen ein? Halten Sie sie zumindest in Stichworten fest.

Aufgabe 1.4

Sehen Sie sich die nachstehenden Vorschriften an. Welche Zwecke werden typischerweise damit verfolgt? (Sie können auf diese Frage gegebenenfalls zu einem späteren Zeitpunkt zurückkommen, wenn Sie sich in den weiteren Kapiteln eingehender mit den einzelnen Vorschriften befasst haben).

	Ihre Anmerkungen
a) § 15 HGB	
b) §§ 48 ff. HGB	
c) § 350 HGB	
d) § 362 HGB	
e) § 377 HGB	

Aufgabe 1.5

Xaver und Xanthippe – beide sind Kaufleute – schließen einen Kaufvertrag. Welche Gesetzesbücher und welche einzelnen gesetzlichen Vorschriften müssen Sie heranziehen, wenn sich ein Sachmangel zeigt und zu beurteilen ist, ob dem Käufer deshalb Rechte zustehen?

Aufgabe 1.6

Wie bewerten Sie folgende Aussagen?

	Richtig	Falsch
a) »Das Handelsrecht gilt für alle Unternehmen.«		
b) »Das Handelsrecht gilt (von wenigen Ausnahmen abgesehen) nur für Kaufleute.«		
c) »Das Handelsrecht kann für Handwerker gelten.«		
d) »Das Handelsrecht gilt nur für diejenigen, die Handel treiben.«		
e) »Das Handelsrecht kann auch dann gelten, wenn jemand gar nicht handelt, sondern Dienstleistungen erbringt.«		
f) »Das Handelsrecht gilt für Industrieunternehmen ebenfalls.«		

Versuchen Sie, sich den Sinn von handelsrechtlichen Vorschriften zu erschließen. Das macht es leichter, Regelungsinhalte zu verstehen!

Kurz wiederholt: Die Basics zum Gesellschaftsrecht

Merkmale und Grundformen von Gesellschaften

Zunächst: Was ist überhaupt eine Gesellschaft im Rechtssinne? Ganz einfach: Eine Gesellschaft ist eine *private Personenvereinigung*, deren Mitglieder sich *rechtsgeschäftlich* zusammengeschlossen haben, um einen bestimmten gemeinschaftlichen *Zweck* zu verfolgen.

Sie wollen das auswendig lernen? Brauchen Sie gar nicht: Sie finden die Merkmale eigentlich in § 705 BGB zum Grundtyp der Gesellschaft bürgerlichen Rechts (kurz: GbR).

Man unterscheidet noch weiterhin zwei Grundformen von Gesellschaften, und zwar

- ✓ **Personengesellschaften** und
- ✓ **Körperschaften.** Letztere lassen sich noch weiter unterteilen, nämlich in
  - **Vereine** als dem Grundmodell der Körperschaften (geregelt in §§ 21 ff. BGB),
  - **Kapitalgesellschaften** (mehr dazu erfahren Sie in den nächsten Tagen),
  - **Genossenschaften** (geregelt im Genossenschaftsgesetz – kurz: GenG).

Die *Kapitalgesellschaften*, um die es übrigens im Folgenden vor allem gehen wird, sind also körperschaftlich strukturiert. Zudem besteht hier die Besonderheit, dass es nicht unbedingt eines Zusammenschlusses mehrerer Personen bedarf; sie können sogar als »Ein-Personen-Gesellschaften« gegründet werden.

Eine Frage der Perspektive: Innen oder außen?

Bei Gesellschaften kommt es immer wieder auf den Blickwinkel an. Unterscheiden Sie daher zwischen Innen- und Außenverhältnis:

- ✓ **Innenverhältnis** als das Verhältnis der Gesellschafter untereinander
- ✓ **Außenverhältnis** als das Verhältnis der Gesellschafter sowie der Gesellschaft gegenüber Dritten (zum Beispiel Geschäftspartnern und Kunden)

Wichtig ist diese Unterscheidung beispielsweise im Hinblick auf die *Geschäftsführung* und *Vertretung*. Dazu gleich mehr.

Werfen Sie im Übrigen das Innen- und Außenverhältnis nicht mit der Innen- und Außengesellschaft in einen Topf:

- ✓ **Innengesellschaft:** Als solche tritt die Gesellschaft nach außen selbst nicht in Erscheinung. Das betrifft beispielsweise a) die »Stille Gesellschaft«, §§ 230 ff. HGB, oder b) manchmal auch den Zusammenschluss mehrerer Unternehmen, um als *Konsortium* in Form einer GbR ein gemeinsames Projekt zu stemmen.
- ✓ **Außengesellschaft:** Als solche tritt die Gesellschaft nach außen hin auf (etwa wenn es darum geht, einen Vertrag mit einer Gesellschaft zu schließen).

Zwei Paar Schuhe: Geschäftsführung und Vertretung

- ✓ **Geschäftsführung:** Sie betrifft das Innenverhältnis der Gesellschafter untereinander. Es geht darum, wer bestimmte Handlungen vornehmen *darf*.
- ✓ **Vertretung:** Sie betrifft das Außenverhältnis und regelt, wer gegenüber Dritten nach außen hin rechtlich wirksame Erklärungen abgeben *kann*.

Weil sich Gesellschaftsformen hinsichtlich der Geschäftsführung und der Vertretung manchmal durchaus unterscheiden, finden Sie Details zu alledem jeweils bei den einzelnen Gesellschaften ab Kapitel 8.

Sie sollten in einer Fallbearbeitung hellhörig werden, wenn sich zum Beispiel jemand im Außenverhältnis nicht an etwaige Beschränkungen aus dem Innenverhältnis hält. Typisches Beispiel: Ein zugleich geschäfts- und vertretungsberechtigter Gesellschafter schließt einen Vertrag und missachtet dabei etwaige Beschränkungen aus dem Innenverhältnis (er *kann* im Außenverhältnis etwas, was er von *innen* her nicht darf). Also: Augen auf!

Recht grundlegend: Ein paar Grundsätze und Prinzipien

Folgende Grundsätze des Gesellschaftsrechts sollten Sie kennen:

- ✓ **Grundsatz der freien Rechtsformwahl** (danach kann – sofern die Zweckbestimmung das zulässt – eine Rechtsform grundsätzlich frei gewählt werden),
- ✓ **Grundsatz des Rechtsformzwangs** (danach können nur die rechtlich vorgesehenen Gesellschaftsformen gewählt werden; sogenannter *Numerus clausus* der Gesellschaftsformen) sowie

- **Grundsatz der Vertragsfreiheit** (danach lassen sich Gesellschaftsformen miteinander kombinieren, wie etwa Personen- und Kapitalgesellschaften; Beispiel: GmbH & Co. KG).

Und diese Prinzipien ebenfalls:

- Das **Prinzip der Selbstorganschaft** gilt für *Personengesellschaften*. Danach liegen die »organschaftliche« Geschäftsführung und die Vertretung bei den Gesellschaftern selbst. Zwar können Nichtgesellschafter einzelne Befugnisse bekommen. Es wäre aber ein Verstoß gegen dieses Prinzip, wenn die Gesellschafter vollständig ausgeschlossen würden.
- Das **Prinzip der Fremdorganschaft** gilt für *Kapitalgesellschaften*. Danach sind die *Geschäftsführung* und *Vertretung* nicht an die Gesellschafterstellung gebunden. Wahrgenommen werden sie vielmehr von besonderen Organen (Geschäftsführung, Vorstand), denen durchaus externe (insofern »fremde«) Nichtgesellschafter angehören können.

Aufgaben Kapitel 1 – Block II zum Gesellschaftsrecht

Aufgabe 1.7

Ordnen Sie die folgenden Gesellschaften jeweils der richtigen Kategorie zu: 1. Personengesellschaft, 2. Kapitalgesellschaften. Wo finden sich jeweils gesetzliche Regelungen dazu?

a) AG

b) GbR

c) GmbH

d) KG

e) OHG

f) stille Gesellschaft

Aufgabe 1.8

Warum handelt es sich bei den nachstehenden Konstrukten nicht um Gesellschaften im rechtlichen Sinne? (Reflektieren Sie Ihre Antworten vor dem Hintergrund der weiter oben aufgeworfenen Frage, was Gesellschaften überhaupt kennzeichnet).

a) die Stiftung

b) die eheliche Lebensgemeinschaft

c) die Erbengemeinschaft

Aufgabe 1.9

Unter welchem gemeinsamen Oberbegriff lassen sich die nachstehenden Aktivitäten zusammenfassen? a) Das Controlling der Geschäfte einer Gesellschaft, b) das Wahrnehmen der Personalführung, c) das Vorbereiten von Gesellschafterversammlungen, d) das Aufstellen von Bilanzen, e) der Abschluss von Verträgen jeglicher Art.

Aufgabe 1.10

Kennen Sie den Hintergrund der sogenannten Lehre von der fehlerhaften Gesellschaft? Unter welchen Voraussetzungen greift sie?

Aufgabe 1.11

Bei der Fülle an Gesellschaften stellt sich in der Praxis oftmals die Frage, welche die »passende« Rechtsform ist. Nennen Sie zwei Gesichtspunkte, die bei der Rechtsformwahl eine Rolle spielen.

Aufgabe 1.12

Angenommen, der Gesellschaftsvertrag einer Personengesellschaft sieht eine Klausel vor, nach welcher ein Nichtgesellschafter zur Geschäftsführung und Vertretung der Gesellschaft berufen wird, den Gesellschaftern selbst aber ein Vetorecht eingeräumt wird. Wäre das zulässig?

Alles gewusst? Lösungshinweise zu Kapitel 1

Aufgabe 1.1

Richtig ist die Antwort 1b).

Das Zusammenspiel von BGB und HGB ist bei der Rechtsanwendung zu beachten: So gibt es eigentlich gar nicht »den« handelsrechtlichen Fall. Im Gegenteil: Meist beginnt alles ganz normal im BGB, bevor dann die »Ausfahrt« in das Handelsrecht zu nehmen ist.

Aufgabe 1.2

Das Handelsrecht folgt hierzulande dem *subjektiven System* (Grund: Anknüpfung an der Kaufmannseigenschaft eines Beteiligten als Rechtssubjekt). Anders ist es beim *objektiven System* einiger ausländischer Rechtsordnungen (es knüpft am jeweiligen Rechtsgeschäft an).

Aufgabe 1.3

Das Handelsrecht ist wichtig, um den Besonderheiten des Handelsverkehrs Rechnung zu tragen. Das wirkt sich beispielsweise dahingehend aus, dass Kaufleute – anders als Otto Normalverbraucher – Profis sind und regelmäßig wissen, was sie tun. Aufgrund ihrer Erfahrungen sind sie regelmäßig *weniger schutzbedürftig*. Zudem dient es einem geordneten Rechtsverkehr und damit dem *Vertrauensschutz*, wenn die Rechtsverhältnisse *klar und transparent* sind. Außerdem kommt es dem Handelsverkehr zugute, wenn Geschäfte ohne großartiges Brimborium *einfach* und *schnell* abgewickelt werden können. Viele Regelungen des HGB dienen genau diesen Zwecken.

In einer Prüfung werden Sie die vorstehenden Ziele des Handelsrechts kaum isoliert runterleiern müssen. Kennen sollten Sie sie trotzdem. Warum? Ganz einfach: Sie können diese Aspekte oftmals heranziehen, wenn es darum geht, zu argumentieren und Lösungen zu einem Fall zu begründen.

Aufgabe 1.4

Zu a) § 15 HGB: Hier geht es vor allem um das Vertrauen auf Eintragungen im Handelsregister (Vertrauensschutz) und damit zugleich um Rechtsklarheit und Transparenz; b) § 48 ff. HGB: Die Regelungen zur Prokura dienen vorrangig dem Schutz des rechtsgeschäftlichen Verkehrs; speziell der gesetzliche Umfang der Prokura (§ 49 HGB) sorgt für klare und transparente Rechtsverhältnisse; c) § 350 HGB dient der einfachen und schnellen Vertragsabwicklung durch Verzicht auf Schriftform; Kaufleute sind in dieser Hinsicht weniger schutzbedürftig; d) § 362 HGB: Die Vorschrift kommt dem Bedürfnis nach einer raschen Klärung der Sach- und Rechtslage entgegen; e) § 377 HGB: Der Verkäufer soll schnell Klarheit darüber erhalten, ob die gelieferte Ware in Ordnung ist oder ob sie bemängelt wird. Das dient wiederum der zügigen Geschäftsabwicklung.

Aufgabe 1.5

Etwaige Rechte eines Käufers aus einem Kaufvertrag bestimmen sich zunächst einmal nach dem BGB, und zwar nach § 437 Nr. 1 bis 3 BGB. Darauf ist also zunächst abzustellen. Wenn – wie hier – Kaufleute beteiligt sind, könnten die Regelungen des BGB allerdings durch das HGB *modifiziert* sein. Damit müssen Sie das HGB ebenfalls berücksichtigen, und zwar dort § 377 HGB. Danach sind die Kaufgewährleistungsansprüche unter bestimmten Voraussetzungen nämlich ausgeschlossen (mehr dazu in Kapitel 7).

Aufgabe 1.6

»Richtig« sind b), c), e) und f) – »Falsch« sind a) und d).

Aufgabe 1.7

Zu 1. Personengesellschaften gehören b) GbR (§§ 705 ff. BGB), d) KG (§§ 161 ff. HGB), e) OHG (§§ 105 ff. HGB), f) stille Gesellschaft (§§ 230 ff. HGB). Zu 2. Kapitalgesellschaften gehören a) AG (§§ 1 ff. AktG), c) GmbH (§§ 1 ff. GmbHG).

Aufgabe 1.8

Zu a) Stiftung (§§ 80 ff. BGB): Sie ist kein Zusammenschluss von Personen. Es geht vielmehr darum, einen vom Stifter festgelegten Zweck mit einem bestimmten Stiftungsvermögen zu fördern. Zu b) eheliche Lebensgemeinschaft (§ 1353 BGB): Meist wird kein über das gemeinschaftliche Zusammenleben hinausgehender weiterführender Zweck verfolgt (es kann mit der »Ehegattengesellschaft« aber Ausnahmen geben, siehe Kapitel 8 zur GbR). Zu c) Erbengemeinschaft (§§ 2032 ff. BGB): Sie beruht nicht auf einer rechtsgeschäftlichen Absprache, sondern einer gesetzlichen Anordnung.

Aufgabe 1.9

Sämtliche Maßnahmen betreffen die *Geschäftsführung*, die ganz unterschiedlichen Charakter haben kann: Neben *tatsächlichen* Handlungen (wie dem erwähnten Controlling der Geschäfte der Gesellschaft, der Wahrnehmung der Personalführung, dem Vorbereiten von Gesellschafterversammlungen oder dem Aufstellen von Bilanzen etc.) kommen noch *rechtsgeschäftliche* Handlungen hinzu (zum Beispiel der Abschluss von Verträgen jeglicher Art, etwa Kaufverträge mit Kunden und Lieferanten, Arbeitsverträge mit Beschäftigten etc.).

Ein Vertragsabschluss betrifft also die Geschäftsführung und – im Hinblick auf die Wirksamkeit nach außen – zugleich die Vertretung. Geschäftsführung und Vertretung sind also keine Gegensätze, sondern können sich überschneiden!

Aufgabe 1.10

a) Hintergrund: Grundlage einer jeden Gesellschaft ist der Gesellschaftsvertrag. Der kann jedoch fehlerhaft sein, weil er einen Mangel aufweist, etwa Nichtigkeit aufgrund eines Formmangels (§§ 311b, 125 BGB) oder Nichtigkeit infolge einer Anfechtung (§§ 142, 119 ff. BGB).

Fällt das erst später auf und wurden zwischenzeitlich bereits Geschäfte getätigt, müssten die eigentlich rückabgewickelt werden. Das wäre in der Praxis jedoch oftmals kaum umzusetzen. Dann greift die *Lehre von der fehlerhaften Gesellschaft*. Danach wird die Gesellschaft bis zum Entdecken des Mangels – hoppla! – wie eine wirksame Gesellschaft behandelt.

b) Voraussetzungen: (1.) ein fehlerhafter, das heißt rechtlich unwirksamer Gesellschaftsvertrag, (2.) die Gesellschaft wurde im Außenverhältnis (!) durch Aufnahme von Geschäften in Vollzug gesetzt, (3.) es gibt keine entgegenstehenden überwiegenden Interessen Einzelner oder der Allgemeinheit (etwa der vorrangige Schutz Minderjähriger, wenn die beteiligt sind!). Die Gesellschaft kann gegebenenfalls nur mit Wirkung für die Zukunft beseitigt werden.

Die *Lehre von der fehlerhaften Gesellschaft* ist nicht gesetzlich geregelt. Das wäre also etwas, was man tatsächlich lernen müsste.

Aufgabe 1.11

Wichtige Gesichtspunkte der Rechtsformwahl betreffen beispielsweise folgende Fragen: Wie intensiv soll der Einfluss der Gesellschafter sein (Stichwort: *Selbstorganschaft* versus *Fremdorganschaft*)? Oder: Welche Haftungsrisiken sollen eingegangen werden? (Speziell zu den Haftungsfragen finden Sie wieder mehr bei den einzelnen Gesellschaftsformen.)

Aufgabe 1.12

Nein, das wäre ein Verstoß gegen den *Grundsatz der Selbstorganschaft*. Wenigstens einem persönlich haftenden Gesellschafter muss die Befugnis zur Geschäftsführung beziehungsweise Vertretung obliegen.

Nur nebenbei: Auf einem ganz anderen Blatt steht die Frage: Kann einem Dritten als Nichtgesellschafter eine rechtsgeschäftliche Vertretungsmacht (*Vollmacht*, § 167 BGB) eingeräumt werden? Das geht durchaus in Ordnung. Nur die – wenn Sie so wollen – ureigene *organschaftliche* Geschäftsführungs- und Vertretungsbefugnis von Nichtgesellschaftern ist bei Personengesellschaften nicht möglich. Tja …

Exkurs: Tipps für die Fallbearbeitung

Manchmal kann es vorkommen, dass Sie die in diesem Prüfungstrainer behandelten Themen im Rahmen einer Fallbearbeitung umsetzen müssen. Das ist keine Eigenheit des Handels- und Gesellschaftsrechts, sondern eine typische juristische Arbeitsweise. Sollte die bei Ihnen eine Rolle spielen, haben Sie sie sicher schon kennen gelernt. Das können Sie gegebenenfalls leicht auf das Handels- und Gesellschaftsrecht übertragen. Nachfolgend gleichwohl noch einmal die wichtigsten Schritte auf einen Blick – quasi als kurzer Leitfaden.

Eine Fallbearbeitung ist kein Hexenwerk, sondern mit etwas Übung zu meistern. Fallbeispiele samt Lösungen finden Sie im *Handels- und Gesellschaftsrecht für Dummies* unter anderem in den Kapiteln 16 und 17.

1. **Lesen Sie den Sachverhalt!**

Wenn mehrere Personen vorkommen, sollten Sie eine Skizze anfertigen, in welcher Beziehung die Personen zueinander stehen. Vielleicht sind auch Zeitangaben genannt? Dann halten Sie die auf einem Zeitstrahl fest. So behalten Sie den Überblick.

2. **Beachten Sie genau die Fallfrage!**

Meist geht es darum, dass jemand einen Anspruch geltend macht – kurzum, dass der eine von einem anderen etwas will (zum Beispiel Zahlung einer Geldsumme, Herausgabe eines Gegenstands etc.). Die Fallfrage gibt die Richtung für die weitere Fallbearbeitung vor! Nur sie ist zu beantworten.

3. **Beantworten Sie dann die Frage: *Wer* will *was* von *wem woraus*?**

- **Wer?** Das ist der Anspruchssteller.
- **Was?** Das ist der Anspruchsinhalt (also Kaufpreiszahlung, Herausgabe eines Gegenstands etc.).
- **Wem?** Das ist der Anspruchsgegner.
- **Woraus?** Das ist die Frage nach der sogenannten *Anspruchsgrundlage*.

In einer Prüfung zum Handels- und Gesellschaftsrecht wird es regelmäßig nur wenige, wenn nicht sogar nur eine Anspruchsgrundlage geben, die von ihrer Rechtsfolge her das Begehren des Anspruchsstellers stützt. Hier müssen Sie sorgfältig arbeiten, damit der Fall nicht in eine falsche Richtung läuft. Die meisten Anspruchsgrundlagen finden sich im BGB und sollten Sie in Ihrer BGB-Vorlesung kennengelernt haben (ansonsten hilft ein Blick in *BGB für Dummies*).

4. Prüfen Sie die einschlägigen Rechtsnormen!

Jetzt ist die eigentliche juristische Arbeit zu bewerkstelligen: Prüfen Sie jeweils, ob die *Tatbestandsmerkmale* der Anspruchsgrundlage(n) erfüllt sind oder ob gegebenenfalls *Einwendungen* vorliegen. Bei der Prüfung der einschlägigen Rechtsnormen wird das Handels- und Gesellschaftsrecht eine Rolle spielen. Achten Sie daher genau auf die Informationen, die Ihnen der Sachverhalt bietet. Der ist oft sehr aufschlussreich.

Selbst wenn es nicht von Ihnen explizit verlangt wird, können Sie sich bei Ihrer Prüfung der sogenannten *Subsumtionstechnik* bedienen: 1. Tatbestandsmerkmal nennen, 2. definieren beziehungsweise rechtlich erläutern, was damit gemeint ist, 3. subsumieren, 4. Ergebnis festhalten. Dabei gilt als Faustregel: Was problematisch ist, wird ausführlicher behandelt; was unproblematisch ist, wird nur kurz erwähnt. So können Sie zugleich Schwerpunkte setzen!

5. Erstellen Sie eine Lösungsskizze!

Die Prüfung Ihrer Anspruchsgrundlage(n) halten Sie am besten in einer Lösungsskizze fest. Bevor Sie sich an das eigentliche Ausformulieren machen, sollten Sie den Fall deshalb einmal komplett durchdacht haben und Ihren Lösungsweg stichpunktartig festhalten. Dann vergessen Sie beim späteren Ausformulieren keinen Prüfungspunkt.

6. Formulieren Sie das Gutachten!

Haben Sie Ihre Lösungsskizze erstellt, ist das schriftliche Ausarbeiten meist unproblematisch. Sofern es von Ihnen verlangt wird, denken Sie dabei an den sogenannten *Gutachtenstil* (und vergessen Sie dabei nicht den *Obersatz* als Einstieg in die Falllösung).

2

Hieran kommen Sie nicht vorbei: Der Kaufmann

In diesem Kapitel …

- Bedeutung des Kaufmannsbegriffs erkennen
- Verschiedene Formen von Kaufleuten unterscheiden
- Prüfungsrelevanz einschätzen

In einer handelsrechtlichen Prüfung geht es häufig um Fragen rund um den »Kaufmann«. Das ist verständlich, schließlich sind die einschlägigen Vorschriften regelmäßig nur anzuwenden, wenn zumindest ein Beteiligter Kaufmann ist (§ 345 HGB).

Wenn in einer Fallbearbeitung die Kaufmannseigenschaft eines Beteiligten unproblematisch ist, verzichten Sie auf Ausführungen in epischer Breite und begnügen sich mit einer kurzen Feststellung. Hellhörig sollten Sie werden, wenn ein Fall in dieser Hinsicht nicht eindeutig ist. Dann liegt es an Ihnen, gegebenenfalls die Kaufmannseigenschaft zu bestimmen.

Thematisieren Sie in einer Fallbearbeitung die Frage, ob jemand Kaufmann ist, nie losgelöst von einer Vorschrift. Das HGB kennt viele Normen, die den Kaufmannsbegriff direkt (zum Beispiel §§ 343, 344 HGB) oder indirekt (zum Beispiel § 350 HGB) voraussetzen. Gegebenenfalls ist in diesem Zusammenhang darauf einzugehen. Stellen Sie also immer den rechtlichen Bezug her.

Kurz wiederholt: Die Basics zum Kaufmann

Wenn Sie sich bezüglich der einzelnen Arten von Kaufleuten nicht mehr sicher sind, schlagen Sie in *Handels- und Gesellschaftsrecht für Dummies* in Kapitel 3 nach, bevor Sie sich den nachfolgenden Fragen (und Antworten) widmen.

Wie Sie vermutlich schon wissen, gibt es im Handelsrecht ja nicht »den« Kaufmann, sondern das HGB differenziert zwischen verschiedenen Arten von Kaufleuten.

Sie brauchen nichts auswendig zu lernen: Ein Blick in das Gesetz erleichtert einmal mehr die Rechtsfindung.

Bestimmt kennen Sie den

- **Istkaufmann** (§ 1 HGB),
- **Kannkaufmann** (§ 2 HGB),
- **land- und forstwirtschaftlichen Kaufmann** (§ 3 HGB),
- **Fiktivkaufmann** (§ 5 HGB),
- **Formkaufmann** (§ 6 HGB).

Sie sind sich nicht mehr ganz sicher? Dann sehen Sie sich einfach die nachfolgenden Steckbriefe kurz an.

Sie vermissen in dieser Aufzählung den »Scheinkaufmann«? Beachten Sie: Der ist kein eigens im HGB geregelter Kaufmann. Im Grunde ist er auch gar kein Kaufmann (aber mehr dazu am Ende des Kapitels).

Steckbrief zum Istkaufmann

Wie wird jemand zum Istkaufmann? Ganz einfach: Indem er ein *Handelsgewerbe* betreibt (§ 1 Abs. 1 HGB). Diese Kaufmannseigenschaft ist also tätigkeitsbezogen!

Der Istkaufmann wird also nicht etwa durch Eintragung der Firma in das Handelsregister zum Kaufmann. Zwar hat er das zu veranlassen (§ 29 HGB). Die Eintragung selbst hat aber keine rechtsbegründende (*konstitutive*), sondern bloß rechtsbekundende (*deklaratorische*) Wirkung.

Machen Sie sich beim Istkaufmann noch folgende Punkte klar:

- **Handelsgewerbe:** Dieser Begriff ist in § 1 Abs. 2 HGB definiert (nicht auswendig lernen!): Ein Handelsgewerbe ist danach jeder *Gewerbebetrieb*, es sei denn, dass das Unternehmen nach Art oder Umfang einen in kaufmännischer Weise eingerichteten Geschäftsbetrieb nicht erfordert.
- **Gewerbebetrieb:** Anders als beim vorstehenden Begriff des *Handelsgewerbes* ist der Begriff des *Gewerbebetriebs* (kurz: Gewerbe) leider nicht gesetzlich definiert. Auch die Gewerbeordnung (GewO) kann man nicht heranziehen (da macht Ihnen § 7 HGB einen Strich durch die Rechnung). Es gilt vielmehr ein eigener handelsrechtlicher Gewerbebegriff!

Nach weitverbreiteter Ansicht wird ein Gewerbebetrieb definiert als jede Tätigkeit, die

- **offen** (das heißt nach außen erkennbar),
- **planmäßig** (das heißt für eine gewisse Dauer und eine Vielzahl von gleichartigen Geschäften),
- **selbstständig** ausgeübt wird (siehe dazu die Hilfsnorm § 84 Abs. 1 Satz 2 HGB) und
- **keine freiberufliche Tätigkeit** darstellt (Freiberufler üben eher »Kopfarbeit« aus; siehe zu den Freiberuflern wie zum Beispiel Rechtsanwälten, Steuerberatern etc. § 1 Abs. 2 PartGG).

Umstritten ist, ob die Tätigkeit

- **erlaubt** sowie
- **auf Gewinnerzielung gerichtet** sein muss.

Inzwischen scheint sich der Streit aber zu legen und das Blatt etwas zu wenden. So lässt eine neuere Auffassung für ein Gewerbe die »selbstständige, planmäßige und entgeltliche Tätigkeit als Anbieter von Leistungen am Markt« genügen.

Die Definition(en) zum Gewerbebetrieb (klassisch oder neu) sollten Sie unbedingt kennen. Viel muss man nicht auswendig lernen, aber das gegebenenfalls doch. Auf einzelne Details brauchen Sie natürlich wieder nur einzugehen, wenn – Sie ahnen es schon – ein Sachverhalt dazu Anlass bietet. Also nicht bloß etwas runterplappern. Setzen Sie gegebenenfalls Akzente.

Beachten Sie noch Folgendes: Man könnte auf die Idee kommen, dass jeder Gewerbebetrieb zugleich ein Handelsgewerbe ist. Lesen Sie dazu aber noch einmal § 1 Abs. 2 HGB durch. Die Formulierung »Handelsgewerbe ist jeder Gewerbebetrieb …« stellt zwar das Handelsgewerbe erst einmal jedem Gewerbebetrieb gleich, es gibt aber zugleich eine Ausnahme (»… es sei denn, dass das Unternehmen nach Art oder Umfang einen in kaufmännischer Weise eingerichteten Geschäftsbetrieb nicht erfordert«). Der Gesetzgeber bezweckt damit, dass nicht jeder Kleingewerbetreibende (beispielsweise der Kiosk um die Ecke) gleich zum Kaufmann wird. Durch die Formulierung »es sei denn …« ergibt sich, dass die gesetzliche Vermutung widerlegt werden kann.

Aufgrund des Regel-Ausnahme-Verhältnisses bietet es sich zum Beispiel in einer Fallbearbeitung an, die Prüfung in zwei Schritten vorzunehmen: 1. Schritt: Liegt überhaupt ein Gewerbebetrieb vor? 2. Schritt: Gibt es Hinweise, wonach das Unternehmen nach Art oder Umfang einen in kaufmännischer Weise eingerichteten Geschäftsbetrieb nicht erfordert? Wenn nicht, dann können Sie sich zum Beispiel leicht mit einer Feststellung der folgenden Art behelfen: »Nach § 1 Abs. 2 HGB wird vermutet, dass ein Gewerbe zugleich ein Handelsgewerbe darstellt. Diese Vermutung wurde im vorliegenden Fall nicht widerlegt. Somit ist XY Kaufmann im Sinne des § 1 HGB.«

Noch ein paar Hinweise zu der zugegebenermaßen etwa sperrigen Gesetzesformulierung »in kaufmännischer Weise eingerichteter Geschäftsbetrieb«.

- ✓ Falls Sie sich fragen, was damit gemeint ist: Es geht um nicht mehr und nicht weniger als um die kaufmännische Organisation, wobei nach dem Gesetzeswortlaut noch zu differenzieren ist zwischen
  - **Art** des Geschäftsbetriebs: Dies bezieht sich auf *qualitative* Merkmale.
  - **Umfang** des Geschäftsbetriebs: Dies bezieht sich auf *quantitative* Aspekte.
- ✓ Ob ein »in kaufmännischer Weise eingerichteter Geschäftsbetrieb« tatsächlich existiert, ist übrigens nicht entscheidend. Maßgeblich ist vielmehr – lesen Sie den Gesetzestext! –, ob ein solcher grundsätzlich *erforderlich* ist.

Es gibt insofern keine starren Vorgaben. Es kommt vielmehr stets auf eine Gesamtbetrachtung an! Sie können sich dabei als Faustformel Folgendes merken: Je vielschichtiger die Geschäfte, desto nötiger ein kaufmännischer Geschäftsbetrieb. Beispielsweise wird man sich eine Großbank ohne eine kaufmännische Organisation nicht vorstellen können, einen kleinen Betrieb dagegen schon eher.

Falls es im Fall der Fälle eine kaufmännische Organisation geben sollte, ist das durchaus ein Indiz für die Erforderlichkeit.

In § 1 Abs. 2 HGB steht noch, dass Kaufmann derjenige ist, der ein Handelsgewerbe *betreibt*. Wer ist das? Als »Betreiber« eines Handelsgewerbes gilt derjenige, in dessen Namen etwaige Geschäfte abgeschlossen werden und der aus ihnen – jetzt kommt's – berechtigt und verpflichtet wird. Maßgeblich ist also, wen die *rechtlichen* Folgen treffen (so ist zum Beispiel eine GmbH als juristische Person selbst Betreiber des Gewerbes, nicht aber der für die Gesellschaft handelnde Geschäftsführer).

Steckbrief zum Kannkaufmann

Wer vielleicht ein Gewerbe, aber kein Handelsgewerbe (!) betreibt, ist ein sogenannter *Kleingewerbetreibender* (und damit kein Istkaufmann!). Für Kleingewerbetreibende kann es aber unter Umständen interessant sein, das HGB zur Anwendung kommen zu lassen.

Wie wird jemand zum Kannkaufmann? Auch das ist ganz einfach: Er lässt dazu die *Firma* des Unternehmens (also den kaufmännischen Namen, § 17 HGB) in das Handelsregister eintragen (§ 2 HGB). Diese Kaufmannseigenschaft ist also eintragungsbezogen. Die Eintragung selbst ist freiwillig.

Anders als beim Istkaufmann ist die Eintragung beim Kannkaufmann nicht bloß rechtsbekundend (*deklaratorisch*), sondern sie wirkt rechtsbegründend (*konstitutiv*).

Einen eingetragenen Kaufmann erkennt man beispielsweise an Firmenzusätzen wie »e.K.« für »eingetragener Kaufmann«. (Mehr zur Firma erfahren Sie noch in Kapitel 4.)

Der Kannkaufmann gilt im Übrigen als »Kaufmann mit Rückfahrkarte«. Was meint das nun wieder? Sehen Sie sich dazu § 2 Satz 3 HGB an. Danach kann die Firma wieder gelöscht werden (und die Kaufmannseigenschaft entfallen). Dieses »Ticket« kann der Kleingewerbetreibende aber nur einlösen, »sofern nicht die Voraussetzung des § 1 Abs. 2 eingetreten ist«. Der ehemalige Kleingewerbetreibende dürfte also zwischenzeitlich kein *Handelsgewerbe* betreiben. Dann wäre er ja automatisch – genau! – zum Istkaufmann geworden.

Nicht ganz so prüfungsrelevant: Der land- und forstwirtschaftliche Kaufmann

Nach § 3 Abs. 1 HGB können Land- und Forstwirte keine Istkaufleute nach § 1 HGB sein. Sie werden also niemals automatisch zu Kaufleuten. (Falls Sie nach dem Grund dafür fragen: Den gibt es eigentlich nicht; das lässt sich nur historisch begründen.) Aber: Land- und Forstwirte können ebenfalls Kaufleute sein, und zwar nach § 3 Abs. 2 HGB, wenn (1.) ein land- oder forstwirtschaftliches Unternehmen vorliegt, das (2.) nach Art oder Umfang einen in kaufmännischer Weise eingerichteten Geschäftsbetrieb erfordert und wenn (3.) die (*konstitutive*) Eintragung der Firma in das Handelsregister erfolgt. Anders als beim Kannkaufmann nach § 2 HGB gibt es hier aber keine »Rückfahrkarte«.

Eine kleine Besonderheit gibt es noch für das Nebengewerbe eines Land- oder Forstwirts: Diesbezüglich erweitert § 3 Abs. 3 HGB den Anwendungsbereich. Danach gelten die Regeln für das land- oder forstwirtschaftliche Unternehmen zugleich für das Nebengewerbe (zum Beispiel Verwertung der vom Hauptbetrieb erwirtschafteten Erzeugnisse). Der Betrieb des Nebengewerbes führt ebenfalls nicht zum Istkaufmann (§ 3 Abs. 1 HGB). Es besteht aber die Option zum Kannkaufmann (§§ 3 Abs. 2 in Verbindung mit § 2 HGB).

Steckbrief zum Fiktivkaufmann

Der Fiktivkaufmann ist in der Praxis zwar nahezu irrelevant, doch in Prüfungen wird er immer wieder mal gesichtet. Wer ist Fiktivkaufmann? Machen Sie sich dazu die Grundidee und die Rechtsfolge des § 5 HGB klar: Ob ein nach § 1 HGB eingerichteter Geschäftsbetrieb erforderlich ist und es damit einen Istkaufmann gibt, lässt sich nicht immer ganz einfach bestimmen (das hatten Sie schon gesehen). Jetzt hilft § 5 HGB. Warum? Nun, die Regelung beseitigt in bestimmten Fällen etwaige Unklarheiten: Wenn nämlich die Voraussetzungen des § 5 HGB vorliegen, hat das zur Rechtsfolge, dass sich jemand nicht darauf berufen kann, sein Gewerbe sei kein Handelsgewerbe. Er muss sich dann vielmehr wie ein Kaufmann behandeln lassen.

Jetzt zu den Voraussetzungen der Vorschrift (lesen!):

1. **Betreiben eines Gewerbes** (das muss vorliegen!), jedoch kein *Handels*gewerbe.
2. **Eintrag der Firma im Handelsregister** (wie beim Kannkaufmann nach § 2 HGB wirkt die Eintragung *konstitutiv*).

Wer als Kaufmann eingetragen ist, gilt als Kaufmann – basta! Darin liegt die »Fiktion« beim Fiktivkaufmann.

Wann sollten Sie in einer Fallbearbeitung an § 5 HGB denken? Relevant wird die Vorschrift nur in wenigen Fällen (bei Eintragungen gilt meist ohnehin schon § 2 HGB!). Platz für § 5 HGB soll insbesondere sein beim

✓ **Herabsinken zum Kleingewerbe:** Ursprünglich hat zwar mal ein *Handelsgewerbe* (!) vorgelegen (und der Kaufmann hat seine Firma eintragen lassen), dann ist aus dem Handelsgewerbe aber im Laufe der Zeit ein Kleingewerbe geworden (das Handelsgewerbe ist damit quasi zum Kleingewerbe »herabgesunken«).

✓ **Eintrag eines Kleingewerbetreibenden:** Ein Kleingewerbetreiber ist irrtümlich davon ausgegangen, er sei *verpflichtet* gewesen, die Firma gemäß § 29 HGB zur Eintragung in das Handelsregister anzumelden (dabei ist seine Eintragung ja eigentlich *freiwillig*). Zugegeben, diese Fälle sind schon etwas konstruiert …

Steckbrief zum Formkaufmann

Gar nicht konstruiert, sondern wirklich wichtig (und obendrein sehr hilfreich) sind die Vorgaben zum Formkaufmann. Wann ist jemand Formkaufmann? Auch das ist ganz einfach, wenn Sie sich § 6 HGB ansehen. Danach sind zwei Fälle zu unterscheiden:

✓ **Handelsgesellschaften:** Zum einen gelten die sogenannten *Handelsgesellschaften* als Formkaufleute (§ 6 Abs. 1 HGB). Das sind

- **Personenhandelsgesellschaften**, also die im HGB geregelte OHG gemäß § 105 Abs. 1 HGB und die KG gemäß §§ 161 Abs. 2, 105 Abs. 1 HGB.

Zwar eine Personengesellschaft aber keine Personen*handels*gesellschaft ist die im BGB geregelte Gesellschaft bürgerlichen Rechts (GbR)!

- **Kapitalgesellschaften**, also die GmbH und die AG (lesen Sie dazu unbedingt § 13 Abs. 3 GmbHG und § 3 Abs. 1 AktG!).

✓ **Körperschaften:** Zum anderen sind Gesellschaften, die wie Vereine körperschaftlich strukturiert sind, ebenfalls Kaufleute, wenn ihnen das Gesetz ohne Rücksicht auf den Gegenstand des Unternehmens die Eigenschaft eines Kaufmanns beilegt (§ 6 Abs. 2 HGB). Das betrifft wiederum die GmbH (§ 13 Abs. 3 GmbHG) und die AG (§ 3 AktG) sowie darüber hinaus die KGaA (§ 278 HGB und § 3 AktG) und zudem die eingetragene Genossenschaft (§ 17 Abs. 2 GenG).

Beachte: Die Regelung zum Formkaufmann nach § 6 HGB verbindet das Handelsrecht mit dem Gesellschaftsrecht. Danach gelten bestimmte Gesellschaften aufgrund ihrer Rechtsform als Kaufleute!

Sollte es in einer Prüfung einmal auf die Kaufmannseigenschaft ankommen, brauchen Sie sich überhaupt nicht den Kopf zu zerbrechen, wenn es um Handelsgesellschaften oder um Kapitalgesellschaften geht. Sie sind immer Kaufleute! Daher können Sie komplett darauf verzichten, eingehender zu prüfen, ob eventuell eine Kaufmannseigenschaft nach § 1 HGB vorliegt. Ist doch einfach, oder?

Aufgaben zu Kapitel 2 – Block I

Jetzt sind Sie wieder dran: Stellen Sie Ihre Kenntnisse anhand einiger Aufgaben und Übungen auf den Prüfstand.

Aufgabe 2.1

Was unterscheidet den *Istkaufmann* einerseits vom *Kannkaufmann* (sowie dem *land- und forstwirtschaftlichen Kaufmann*) andererseits?

Aufgabe 2.2

Lesen Sie sich einmal die §§ 349, 350, 377 HGB durch. Welcher Begriff ist diesen Vorschriften gemeinsam? Und was hat das mit dem »Kaufmann« zu tun?

Aufgabe 2.3

Wie Sie schon wissen, ist ein Gewerbe ausnahmsweise kein Handelsgewerbe, wenn das Unternehmen nach *Art* oder *Umfang* einen in kaufmännischer Weise eingerichteten Geschäftsbetrieb nicht erfordert (§ 1 Abs. 2 HGB). Ordnen Sie in der nachstehenden Tabelle die Kriterien jeweils durch ein entsprechendes Kreuz zu:

	Art	Umfang
a) Anzahl und Größe der Betriebsstätten		
b) Beschäftigtenanzahl		
c) Internationale Tätigkeit		
d) Produktpalette und Vielfalt der Leistungen		
e) Umsatzvolumen		
f) Komplexität der Geschäftsvorgänge		

Sie sollten hellhörig werden, wenn der Sachverhalt einer Klausur in dieser Richtung Angaben enthält.

Aufgabe 2.4

Handelt es sich in den folgenden Fällen um ein Gewerbe im Sinne des Handelsrechts?

a) Studentin Simone Sonnenschein (S) verhökert am Ende ihres Studiums hochschulintern über das Intranet Studienliteratur, die sie nicht mehr benötigt.

b) Der Rockerclub »Heaven Devils« ist im illegalen Waffenhandel tätig.

c) Alois Igl ist Inhaber einer Bäckerei.

d) Richard Redlich betreibt als Einzelunternehmer ein Reinigungsunternehmen.

Aufgabe 2.5

Simon betreibt in seiner Gartenlaube einen Handel mit Motorradersatzteilen. Die Geschäfte laufen zunächst auf Sparflamme und bringen gerade einmal einen Umsatz von 5.000 Euro. Simon lässt seine Firma »Simon Motorradhandel e.K.« in das Handelsregister eintragen. Aufgrund seines Geschäftssinns fängt der Laden an zu brummen. Drei Jahre später erzielt er mit sieben Filialen und 50 Angestellten einen Jahresumsatz von 1 Million Euro. Simon überlegt sich, die Rückfahrkarte zu ziehen und die Firma aus dem Handelsregister austragen zu lassen.

a) Wäre das möglich?

a) Angenommen, Simon hätte seine Firma nicht in das Handelsrecht eintragen lassen. Und nehmen Sie weiter an, ihm ist überhaupt nicht bewusst, dass er ein Handelsgewerbe betreibt. Ist Simon dann Kaufmann?

Aufgabe 2.6

Die 17-jährige Nina hat ein Unternehmen gegründet, das weltweit Zubehör für Smartphones vertreibt und einen Umsatz von mehreren Millionen Euro erwirtschaftet. In diesem Falle liegt ein Handelsgewerbe vor. Aber wer »betreibt« es? Nina oder vielleicht ihre Eltern als gesetzliche Vertreter (§ 1629 BGB)?

Aufgabe 2.7

Olaf Sonne ist Gesellschafter der Regen-OHG. Die OHG selbst benötigt Kapital und nimmt hierzu bei der B-Bank ein Darlehen auf. Die Bank möchte, dass Olaf sich als Gesellschafter verbürgt. Das tut er in einem Telefongespräch mit dem zuständigen Bankmitarbeiter. Ist das Bürgschaftsversprechen wirksam abgegeben? (Sie können auf diese Frage gegebenenfalls zurückkommen, wenn Sie sich näher mit Fragen der Bürgschaft in Kapitel 6 befasst haben).

Aufgabe 2.8

Sigmund Relam ist ein bekannter Bildhauer und Grafiker. Seine Werke werden international ausgestellt und für Hunderttausende von Euro gehandelt. Beim Streifzug durch eine Buchhandlung fällt ihm ein HGB in die Hände. Sollte er sich das kaufen?

Aufgabe 2.9

Sollte man einem Kleingewerbetreibenden generell dazu raten, seine Firma in das Handelsregister eintragen zu lassen, um zum Kannkaufmann zu werden?

Aufgabe 2.10

Xaver hat im Laufe der Jahre ein gut gehendes Unternehmen aufgebaut. Er beschäftigt 50 Angestellte, hat zahlreiche internationale Geschäftsverbindungen und erwirtschaftet einen Umsatz von mehreren Millionen Euro jährlich. Seine Firma hat er nach § 29 HGB in das Handelsregister eintragen lassen. Im Zuge einer verfehlten Geschäftsstrategie und eines Umsatzeinbruchs sieht er sich eines Tages gezwungen, fast allen Angestellten zu kündigen. Geschäfte tätigt er inzwischen nur noch ganz selten. Ist Xaver Kaufmann?

Kurz wiederholt: Der Kaufmann, der eigentlich keiner ist

Klappern gehört ja bekanntlich zum Handwerk. Der Schuss kann aber leicht nach hinten losgehen, wie die Rechtsfigur von der *Lehre vom Scheinkaufmann* zeigt.

Die Idee

Der Grundgedanke ist ganz einfach: Wer sich im Rechtsverkehr als Kaufmann ausgibt, ohne tatsächlich Kaufmann zu sein, muss sich gegebenenfalls als solcher behandeln lassen. Die Rechtsfigur des Scheinkaufmanns dient – wie das Handelsrecht insgesamt –, dem Schutz des Handelsverkehrs. Der Scheinkaufmann ist allerdings nirgends geregelt! Es handelt sich vielmehr um ein in der Rechtsprechung und Literatur entwickeltes und inzwischen gewohnheitsrechtlich anerkanntes Rechtsinstitut.

Die Voraussetzungen

Merken Sie sich dazu Folgendes:

1. **Rechtsschein:** Es muss der Rechtsschein bestehen, jemand sei Kaufmann.
2. **Zurechenbarkeit:** Dem Scheinkaufmann muss der Rechtsschein zugerechnet werden können.

3. **Gutgläubigkeit:** Der Dritte (zum Beispiel ein Geschäftspartner) muss zudem gutgläubig sein.

4. **Kausalität:** Zwischen dem Rechtsschein und einer daraufhin vorgenommenen Rechtshandlung muss schließlich ein ursächlicher Zusammenhang im Sinne einer *abstrakten Kausalität* bestehen.

Stellen Sie sich bei der Kausalität einfach folgende Kontrollfrage: Hätte sich der Dritte bei Kenntnis der wahren Sachlage anders verhalten und die Rechtshandlung nicht vorgenommen? Ja? Nun, dann besteht ein ursächlicher Zusammenhang …

Die Wirkungen

Die *Lehre vom Scheinkaufmann* gilt nach überwiegender Ansicht nur

- ✓ **zum Vorteil**, also *für* den Rechtsverkehr (beispielsweise eines Geschäftspartners als Dritten), und
- ✓ **zum Nachteil**, also *gegen* den Scheinkaufmann.

Ein Scheinkaufmann bleibt ein Nichtkaufmann, kann also nicht über diesen »Umweg« von etwaigen Vorteilen des Handelsrechts profitieren, die zugunsten von Kaufleuten gelten.

Die *Lehre vom Scheinkaufmann* ist nachrangig (*subsidiär*) gegenüber den gesetzlichen Regelungen zum Kaufmann. In einer Fallbearbeitung sind somit zunächst die §§ 1 bis 6 HGB zu prüfen. Erst wenn das ergebnislos bleibt, ist auf den Scheinkaufmann einzugehen.

Aufgaben Kapitel 2 – Block II

Jetzt sind Sie wieder dran: Stellen Sie Ihre Kenntnisse zum Scheinkaufmann anhand der nachfolgenden Aufgaben auf den Prüfstand.

Nehmen Sie folgenden kleinen Fall: Gustav Großspur (G) möchte seinem Freund Edgar Egal (E), der sich gerade als Existenzgründer betätigt, etwas unter die Arme greifen. G ruft deshalb Dieter Doll (D) an und schwärmt ihm vor, dass E nun auch als Kaufmann tätig sei, schon jede Menge Geschäfte getätigt habe und das Unternehmen bestens floriere.

Aufgabe 2.11

Muss sich E als Scheinkaufmann behandeln lassen, wenn E selbst von dem Telefonat nichts weiß und die Ausführungen von G auch nicht den Tatsachen entsprechen?

Aufgabe 2.12

Wie wäre es, wenn E von alledem gewusst, aber nichts dagegen unternommen hätte?

Alles gewusst? Lösungshinweise zu Kapitel 2

Aufgabe 2.1

Beim Istkaufmann wirkt die Eintragung der Firma in das Handelsregister bloß *deklaratorisch*, beim Kannkaufmann (sowie dem land- und forstwirtschaftlichen Kaufmann) dagegen *konstitutiv*.

Aufgabe 2.2

Bei den genannten Vorschriften stoßen Sie auf den Begriff »Handelsgeschäft«. Was darunter zu verstehen ist, steht an anderer Stelle, nämlich in § 343 HGB. Und die Regelung hilft weiter: Danach sind Handelsgeschäfte nämlich die Geschäfte eines Kaufmanns.

Bei der Anwendung der verschiedenen Normen des Handelsrechts kann die Kaufmannseigenschaft der handelnden Akteure also relevant werden.

Aufgabe 2.3

Hier die Lösung:

	Art	Umfang
a) Anzahl und Größe der Betriebsstätten		X
b) Beschäftigtenanzahl		X
c) Internationale Tätigkeit	X	
d) Produktpalette und Vielfalt der Leistungen	X	
e) Umsatzvolumen		X
f) Komplexität der Geschäftsvorgänge	X	

Aufgabe 2.4

Unterscheiden Sie:

a) Wenn Simone Sonnenschein ihre Bücher einmalig am Ende des Studiums veräußert, fehlt es an der *Planmäßigkeit* (kein Gewerbe).

b) Das Engagement des Rockerclubs »Heaven Devils« ist nicht *erlaubt*. Folgt man der Ansicht, dass ein Gewerbe nur eine erlaubte Tätigkeit umfasst, dann liegt kein Gewerbe vor.

c) Auch Handwerksbetriebe wie eine Bäckerei fallen grundsätzlich unter den Gewerbebegriff. Gegebenenfalls wäre aber zu überlegen, ob nicht die Ausnahme nach § 1 Abs. 2, 2. Halbsatz HGB greift (»es sei denn …«).

d) Ebenfalls unter den Gewerbebegriff fallen alle Arten von Dienstleistungen, wie zum Beispiel Reinigungsarbeiten, wobei aber gegebenenfalls wieder an die Ausnahme nach § 1 Abs. 2, 2. Halbsatz HGB (»es sei denn …«) zu denken wäre.

Aufgabe 2.5

Hier die Lösungen:

a) Simon hat als Kleingewerbetreibender seine Firma eintragen lassen (§ 2 Satz 1 HGB). Damit steht ihm eigentlich die »Löschungsoption« zu (§ 2 Satz 3 HGB) und er könnte beim zuständigen Registergericht das Erlöschen seiner Firma zur Eintragung in das Handelsregister anmelden (§ 31 Abs. 2 Satz 1 HGB). Das Registergericht würde aber wohl hellhörig werden und ein Auge darauf werfen, ob Simon überhaupt noch Kleingewerbetreibender ist. Mit Blick auf den erwirtschafteten Umsatz, die Anzahl der Angestellten und Betriebsstätten bestehen eher Anhaltspunkte für das Betreiben eines Handelsgewerbes, sodass Simon zum Istkaufmann (§ 1 HGB) aufgestiegen und die »Rückfahrkarte« damit quasi verfallen wäre.

b) Ja! Die Regelung nach § 1 HGB ist zwingend, sodass es weder auf einen bestimmten Willen noch auf eine bestimmte Kenntnis ankommt. Diese Kaufmannseigenschaft ist und bleibt allein tätigkeitsbezogen: Wenn jemand ein Handelsgewerbe betreibt, ist er automatisch Kaufmann.

Aufgabe 2.6

Maßgeblich ist ja, wer aus den Geschäften berechtigt und verpflichtet wird. Das können durchaus Minderjährige sein, sodass die 17-jährige Nina das Handelsgewerbe »betreibt«.

Aufgabe 2.7

Ein Bürgschaftsversprechen bedarf grundsätzlich der Schriftform (§ 766 BGB). Fraglich ist aber, ob ausnahmsweise die Formfreiheit greift (§ 350 HGB). Dann müsste die Bürgschaftserklärung für Olaf ein Handelsgeschäft sein (§ 343 HGB). Für Olaf als Gesellschafter einer OHG ist das aber fraglich, denn eigentlich »betreibt« die OHG selbst das Gewerbe. Ob der OHG-Gesellschafter das Gewerbe ebenfalls »betreibt« wird unterschiedlich beurteilt, überwiegend aber bejaht (ebenso beim *Komplementär* einer KG im Unterschied zum *Kommanditisten*). Demnach hätte sich Olaf tatsächlich wirksam verbürgt.

Aufgabe 2.8

Als Bildhauer und Grafiker steht bei Sigmund Relam eher die künstlerisch-individuelle Leistung im Mittelpunkt. Er ist damit Freiberufler und betreibt kein Gewerbe. Dass seine Werke hohe Summen erzielen, ist unbeachtlich. Das HGB braucht er sich nicht zuzulegen.

Aufgabe 2.9

Das kann man pauschal nicht empfehlen: Zwar kann sich beispielsweise für einen Kleingewerbetreibenden als Verkäufer die handelsrechtliche Rügeobliegenheit eines Käufers (§ 377 Abs. 2 HGB) als vorteilhaft erweisen (der verliert nämlich gegebenenfalls das Recht, Gewährleistungsansprüche geltend machen zu können – dazu später mehr in Kapitel 7). Daneben gibt es weitere Gründe, die für einen Eintrag sprechen können: So kann ein Kaufmann beispielsweise höhere Zinsen verlangen (§ 352 HGB) oder von einem erweiterten Zurückbehaltungsrecht Gebrauch machen (§§ 369 ff. HGB). Auf der anderen Seite drohen aber beispielsweise eine verschärfte Haftung (etwa infolge der Publizitätsvorschriften nach § 15 HGB) oder die Pflicht zur Buchführung (§§ 238 ff. BGB). Man muss in der Praxis also stets im Einzelfall genau überlegen, ob es sich wirklich lohnt, sich freiwillig den handelsrechtlichen Regelungen zu unterwerfen.

Aufgabe 2.10

Ursprünglich war Xaver sicher ein Istkaufmann. Die Entwicklungen lassen aber die Annahme zu, dass er jetzt kein Handelsgewerbe mehr betreibt. Gleichwohl könnte er aber noch als Kaufmann anzusehen sein, und zwar als Fiktivkaufmann (§ 5 HGB). Die Voraussetzungen liegen vor: Er betreibt (1.) noch ein Gewerbe (wenn auch wohl kein Handelsgewerbe mehr) und (2.) ist seine Firma in das Handelsregister eingetragen.

Aufgabe 2.11

E ist kein Kaufmann nach §§ 1 bis 6 HGB. Aber auch die Voraussetzungen der subsidiär geltenden Lehre vom Scheinkaufmann sind nicht erfüllt. Zwar kann ein *Rechtsschein* nicht nur durch den Betroffenen selbst, sondern auch durch einen Dritten ausdrücklich oder durch ein schlüssiges Verhalten (*konkludent*) gesetzt werden. E weiß aber von alledem nichts. Folglich ist der Rechtsschein nicht *zurechenbar*.

Aufgabe 2.12

Wenn E die Sachlage kannte, liegt der Fall etwas anders. Zwar hat E den Rechtsschein nach wie vor nicht selbst gesetzt. Gleichwohl könnte dem E das Verhalten des G zurechenbar sein. Das wäre dann der Fall, wenn E das Verhalten des G (1.) kannte oder er es doch hätte kennen müssen und wenn es ihm (2.) zumutbar gewesen wäre, den Rechtsschein zu zerstreuen (etwas Ähnliches kennen Sie vielleicht schon aus den Regelungen zur Duldungs- und Anscheinsvollmacht im Stellvertretungsrecht des BGB). E hätte die richtige Sachlage leicht aufklären können. Tut er das nicht, greift gegebenenfalls zu seinen Lasten und zum Vorteil des D die Lehre vom Scheinkaufmann.

Knifflig und klausurrelevant: Das Registerrecht

3

In diesem Kapitel ...

- Eckpunkte des formellen Registerrechts kennen
- Kernfragen des materiellen Registerrechts beantworten
- Ausgewählte Problempunkte erläutern

Das sogenannte *Registerrecht* zählt sicher mit zu den prüfungsrelevantesten Gebieten. Warum? Nun, bei alledem lassen sich weitere handelsrechtliche Themen quasi nebenbei mit »abprüfen«. Legen Sie diesen Teil des Handelsrechts also nicht zu schnell ad acta.

Wenn Sie sich bezüglich des Registerrechts nicht mehr sicher sind, schlagen Sie im *Handels- und Gesellschaftsrecht für Dummies* in Kapitel 4 nach, bevor Sie sich an die nachfolgenden Fragen (und Antworten) machen.

Kurz wiederholt: Die Basics zum Handelsregister

In den beiden vorausgegangenen Kapiteln ist Ihnen das Handelsregister ja schon am Rande begegnet. Erinnern Sie sich noch? Richtig: Ein Istkaufmann muss seine Firma beispielsweise zur Eintragung in das Handelsregister anmelden (§ 29 HGB). Zudem kann ein Kleingewerbetreibender zum Kaufmann werden, wenn er seine Firma in das Handelsregister eintragen lässt (§ 2 Satz 1 HGB). Aber was hat es mit dem Register konkret auf sich?

Gut zu wissen: Das Handelsregister als Informationsquelle

Was ist das Handelsregister eigentlich? Nun, dieses Register ist eine Art Verzeichnis. Es enthält bestimmte für den Handelsverkehr wichtige Informationen (man spricht in diesem Zusammenhang von *Tatsachen*). Darunter fallen beispielsweise die Firma, die Rechtsform, der Sitz etc.

Wie Sie § 9 Abs. 1 Satz 1 HGB (lesen!) entnehmen können, handelt es sich um ein *öffentliches* Verzeichnis, in das jeder Einsicht nehmen kann. Dafür braucht man übrigens nicht einmal ein besonderes Interesse nachzuweisen. Das Handelsregister besteht aus zwei sogenannten Abteilungen:

- **Abteilung** A (HRA): Dort finden Sie vor allem etwas zu Einzelkaufleuten und Personenhandelsgesellschaften.
- **Abteilung B** (HRB): Dort finden Sie etwas zu Kapitalgesellschaften.

Für Genossenschaften und Partnerschaftsgesellschaften gilt übrigens nicht das Handelsregister, sondern das Genossenschaftsregister beziehungsweise das Partnerschaftsregister.

Und wozu das Ganze? Wichtige Funktionen

Das Handelsregister hat vor allem folgende Funktionen:

- ✓ **Publikationsfunktion:** Das Handelsregister gibt wichtige Tatsachen des Rechtsverkehrs bekannt, über die sich – wie schon erwähnt – jeder informieren kann (§ 9 Abs. 1 HGB).
- ✓ **Beweisfunktion:** Bei einem Rechtsstreit lassen sich die Inhalte des Handelsregisters leicht durch Urkunden belegen – ein entsprechender Auszug aus dem Handelsregister reicht.
- ✓ **Schutzfunktion:** Das Handelsregister schützt zugleich den Rechtsverkehr, denn die Eintragungen dort haben die Vermutung der Richtigkeit für sich. Sprich: Man darf sich darauf verlassen, und zwar selbst dann, wenn die Eintragungen womöglich falsch sind (das ergibt sich aus den *Publizitätswirkungen* – dazu gleich mehr).

So wichtig das Handelsregister ist, richtig relevant wird es erst, wenn irgendetwas schiefläuft und das Kind sprichwörtlich bereits in den Brunnen gefallen ist, das heißt, wenn es zu Problemen kommt. Dann lässt sich mithilfe des Handelsregisters leicht ermitteln, was rechtlich gilt. Und mancher wird sich womöglich denken: »Hmm, vielleicht hätte ich mal früher einen Blick hineinwerfen sollen ...«.

Befassen Sie sich also nun etwas genauer mit dem Handelsregister.

Tatsache ist nicht gleich Tatsache

Das Handelsregister enthält also bestimmte Informationen, sogenannte *Tatsachen*. Zu unterscheiden sind

- ✓ **eintragungspflichtige Tatsachen** (bei ihnen ist eine Eintragung gesetzlich vorgeschrieben, was durch die Formulierung »ist anzumelden« leicht zu erkennen ist) und
- ✓ **eintragungsfähige Tatsachen** (bei ihnen ist eine Eintragung zwar nicht zwingend vorgeschrieben, aber doch möglich).

Was nicht in diese beiden Kategorien fällt, kann nicht in das Handelsregister eingetragen werden (*eintragungsunfähige* Tatsachen). Kaufleute können also nicht nach Lust und Laune etwas ins Handelsregister eintragen lassen.

Nochmals: Sie brauchen nichts auswendig zu lernen. Wenn das HGB Eintragungen erfordert oder erlaubt, steht das direkt im Gesetz – alles andere bleibt außen vor. So einfach ist das. Man muss nur das Gesetz zu lesen lernen ...

Aufgepasst: Die Wirkungen von Eintragungen

Eintragungen im Handelsregister können unterschiedliche Wirkungen haben. Zu unterscheiden sind insofern die

- **deklaratorische Eintragung**. Sie ist »nur« *rechtsbekundend,* da die jeweilige Tatsache losgelöst von der Eintragung entsteht.
- **konstitutive Eintragung**. Sie ist *rechtsbegründend,* da die jeweilige Tatsache erst durch die Eintragung entsteht.

Hier passieren schnell Fehler. Wenn Sie mit Eintragungen zu tun haben, machen Sie sich unbedingt die Wirkungen klar: Beim Istkaufmann (§ 1 HGB) wirkt die Eintragung beispielsweise nur *deklaratorisch*, beim Kannkaufmann (§ 2 HGB) hingegen *konstitutiv*. Bei der noch zu behandelnden Prokura (ab § 48 HGB, dazu Kapitel 5) ist deren Eintragung der Erteilung beziehungsweise deren Widerrufs (§ 53 HGB) lediglich *deklaratorisch*.

Wenn Sie's genauer wissen wollen

Neben dem Handelsregister gibt es noch weitere für die Unternehmenspraxis wichtige Informationsquellen. Eine davon ist das ebenfalls im HGB geregelte *Unternehmensregister* (§ 8b HGB; im Internet einsehbar unter `www.unternehmensregister.de`). Es enthält Bekanntmachungen und Eintragungen aus dem Handelsregister sowie weiterer Register (etwa dem Genossenschafts- und dem Partnerschaftsregister) oder sonstiger Quellen (insbesondere dem elektronischen Bundesanzeiger). Dort lassen sich manche nützlichen Informationen recherchieren. Insgesamt ist es allerdings weniger wichtig als das Handelsregister. Das hat einen ganz einfachen Grund: Die rechtlichen Wirkungen (vor allem die *Publizitätswirkungen* gemäß § 15 HGB) kommen allein dem Handelsregister zu.

Aufgaben zu Kapitel 3 – Block I

Aufgabe 3.1

Wie Sie gesehen haben, besteht das Handelsregister aus zwei Abteilungen (HRA und HRB). Können Sie die folgenden Organisationsformen den jeweiligen Abteilungen (oder keiner von beiden) zuordnen?

a) die *Aktiengesellschaft (AG)*

b) die *Einzelkaufleute*

c) die *Gesellschaft bürgerlichen Rechts (GbR)*

d) die *Gesellschaft mit beschränkter Haftung (GmbH)*

e) die *Kommanditgesellschaft (KG)*

f) die *Kleingewerbetreibenden*

g) die *offene Handelsgesellschaft (OHG)*

HRA	HRB	Keine von beiden

Aufgabe 3.2

Beziehen sich folgende Aspekte auf *eintragungspflichtige*, *eintragungsfähige* oder womöglich sogar *eintragungsunfähige* Tatsachen? Lernen Sie nichts auswendig. Werfen Sie lieber einen Blick in das Gesetz! Meistens werden Sie dort fündig.

	Ihre Anmerkungen
§ 25 Abs. 2 HGB	
§ 28 Abs. 2 HGB	
§ 29 HGB	
§ 53 Abs. 1 HGB	
§§ 106, 107 HGB	
§ 36 Abs. 1. AktG	
§ 7 ff. GmbHG	
Erteilen einer Handlungsvollmacht	

Aufgabe 3.3

Falls jemand eine eintragungspflichtige Tatsache nicht eintragen lässt, welche Möglichkeiten hat das Registergericht?

a) Es wird die fehlende Tatsache selbst eintragen.

b) Es kann die unterlassende Eintragung nicht selbst nachholen.

c) Es kann ein Zwangsfeld festsetzen.

d) Es hat überhaupt keine Möglichkeiten; dem Registergericht sind die Hände gebunden.

Aufgabe 3.4

Kennzeichnen Sie die nachstehenden Paragrafen danach, ob sie sich auf *konstitutive* oder *deklaratorische* Eintragungen beziehen.

	Die Eintragung ist …	
	konstitutiv	deklaratorisch
§ 2 HGB		
§ 29 HGB		
§ 53 HGB		
§ 105 Abs. 2 HGB		
§ 107 HGB		
§ 123 Abs. 2 HGB		
§ 143 HGB		
§ 41 Abs. 1 AktG		
§ 11 Abs. 1 GmbHG		

Kurz wiederholt: Das formelle und das materielle Registerrecht

Verfahrensmäßig: Das formelle Registerrecht

Beim *formellen* Registerrecht können Sie sich vergleichsweise kurz aufhalten. Gegenüber dem gleich noch eingehender zu behandelnden *materiellen* Registerrecht ist es für eine Prüfung eher von untergeordneter Bedeutung. Die beiden folgenden Punkte sollten Ihnen aber trotzdem bekannt sein, wobei der Aspekt zum Eintragungsverfahren für das *materielle* Registerrecht ebenfalls bedeutsam wird. Beim *formellen* Registerrecht geht es um

✓ die **Zuständigkeit**:

- **Sachlich zuständig** sind die Amtsgerichte als sogenannte Registergerichte (§ 23a Abs. 1 Nr. 2 Gerichtsverfahrensgesetz – kurz: GVG) und §§ 374 ff. des Gesetzes über das Verfahren in Familiensachen und in Angelegenheiten der freiwilligen Gerichtsbarkeit (kurz: FamFG).
- **Örtlich zuständig** ist das Gericht, in dessen Bezirk sich die Niederlassung des von der Eintragung betroffenen Kaufmanns befindet (§ 29 HGB).
- **Funktionell zuständig** ist der sogenannte Rechtspfleger (§ 3 Nr. 2d Rechtspflegergesetz).

✓ das **Eintragungsverfahren**. Es besteht aus der

- **Anmeldung** (§ 12 HGB) der einzutragenden Tatsache in *elektronischer* sowie *in öffentlich beglaubigter Form* (§ 129 BGB),
- **Eintragung** (§ 8a HGB),
- **Bekanntmachung** (§ 10 HGB). Das erfolgt im Internet unter `www.handelsregisterbekanntmachungen.de`.

Eine Anmeldung kann *ausnahmsweise* entbehrlich sein (siehe § 31 Abs. 2 HGB zum Erlöschen einer Firma sowie § 32 HGB bei der Eröffnung eines Insolvenzverfahrens). Das ist allerdings nicht so prüfungsrelevant.

Folgenschwer: Das materielle Registerrecht

Mit dem nun folgenden materiellen Registerrecht sollten Sie sich gerade unter Prüfungsgesichtspunkten sehr eingehend vertraut machen. Hier spielt häufig die Musik. Und Sie wollen doch nicht, dass irgendein Katzenjammer dabei rauskommt, oder?

Ihr zentraler Anknüpfungspunkt ist § 15 HGB und die darin enthaltenen *Publizitätswirkungen*. Dabei geht es darum, welche Folgen es hat, wenn eine Eintragung vorgenommen beziehungsweise unterlassen wurde. Das Verzwickte: Die Vorschrift regelt in den ersten drei Absätzen drei unterschiedliche Konstellationen. Unterscheiden Sie:

✓ **§ 15 Abs. 1 HGB**

- **Negative Publizität:** Eine Tatsache wurde nicht im Register eingetragen und bekannt gemacht.
- **Die Vorschrift schützt Dritte** (vor allem Geschäftspartner) in ihrem Vertrauen auf die Vollständigkeit des Handelsregisters.

✓ **§ 15 Abs. 2 HGB**

- **Positive Publizität**: Eine Tatsache wurde wie vorgesehen im Register eingetragen und bekannt gemacht).
- **Die Vorschrift schützt den Kaufmann**. Es gilt die Vermutung, dass eingetragene und bekannt gemachte Tatsachen einem Dritten bekannt sind (vorbehaltlich einer bestimmten Schonfrist).

✓ **§ 15 Abs. 3 HGB**

- **Positive Publizität:** Eine Tatsache wurde unrichtig bekannt gemacht.
- **Die Vorschrift schützt ebenfalls Dritte**, die gutgläubig auf eine unrichtig bekannt gemachte Tatsache vertrauen.

Beachten Sie unbedingt, dass die einzelnen Absätze des § 15 HGB jeweils unterschiedliche Konstellationen betreffen und verschiedene Voraussetzungen und Konsequenzen haben!

Weil die *Publizitätswirkungen* ganz elementar sind, blicken Sie nun den Tatsachen ins Auge und widmen Sie sich diesem Thema im Rahmen der nachstehenden Aufgaben.

Aufgaben Kapitel 3 – Block II

Aufgabe 3.5

Bleiben Sie zunächst bei § 15 Abs. 1 HGB. Wie Sie sicherlich wissen, bestehen Gesetzesnormen in der Regel aus einem sogenannten *Tatbestand* (mit einzelnen Tatbestandsmerkmalen) und einer *Rechtsfolge*. Für § 15 Abs. 1 HGB gilt das genauso. Aber was genau sind die einzelnen Tatbestandsmerkmale und was ist die Rechtsfolge? Erarbeiten Sie sich das allein mithilfe des Gesetzestextes!

Tatbestandsvoraussetzungen	Rechtsfolge
Ihre Anmerkungen:	*Ihre Anmerkungen:*

Aufgabe 3.6

Erarbeiten Sie sich nun wieder allein mithilfe des Gesetzestextes die Tatbestandsvoraussetzungen und die Rechtsfolge des § 15 Abs. 2 HGB.

Tatbestandsvoraussetzungen	Rechtsfolge
Ihre Anmerkungen:	*Ihre Anmerkungen:*

Aufgabe 3.7

Erarbeiten Sie sich schließlich noch die Tatbestandsvoraussetzungen und die Rechtsfolge des § 15 Abs. 3 HGB – natürlich wiederum allein mit Ihrem Gesetzestext.

Tatbestandsvoraussetzungen	Rechtsfolge
Ihre Anmerkungen:	*Ihre Anmerkungen:*

Aufgabe 3.8

Kehren Sie noch einmal zurück zu § 15 Abs. 1 HGB und gehen Sie dieser Vorschrift inhaltlich noch etwas genauer auf den Grund. Dabei kommt es vor allem darauf an, die Rechtsnorm zu verstehen. Können Sie die nachstehenden Begriffe erläutern? Was ist gemeint mit:

a) »einzutragende Tatsache«

b) »von demjenigen, in dessen Angelegenheiten sie einzutragen war«

c) »Dritter«

Aufgabe 3.9

Bei § 15 Abs. 3 HGB stellt sich noch ein besonderes Problem, wenn die fehlerhafte Bekanntmachung vom Kaufmann selbst gar nicht veranlasst wurde. Wissen Sie, welche Auffassungen dazu vertreten werden?

Aufgabe 3.10

Angenommen, Kaufmann Konrad erteilt dem Mitarbeiter Peer Prokura, was ordnungsgemäß im Handelsregister dokumentiert wurde. Nun zerstreiten sich die beiden, woraufhin Konrad die Prokura wieder entzieht, jedoch vergisst, den Widerruf ebenfalls zur Eintragung ins Handelsregister anzumelden. Wenn Peer trotzdem weiter als Prokurist auftritt und Verträge im Namen des Konrad abschließt, kann Konrad sich dann auf das Erlöschen der Prokura berufen (mehr zur Prokura in Kapitel 5)?

Aufgabe 3.11

Angenommen, das Erlöschen der Prokura des ehemaligen Prokuristen Peer im vorherigen Fall ist im Handelsregister doch korrekt dokumentiert. Peer schert sich jedoch nicht darum und schließt weiterhin als Vertreter Verträge für Konrad. Kann der sich in diesem Falle auf das Erlöschen der Prokura berufen?

Alles gewusst? Lösungshinweise zu Kapitel 3

Aufgabe 3.1

HRA	HRB	Keine von beiden
✓ Einzelkaufleute	✓ AG	✓ GbR
✓ KG	✓ GmbH	✓ Kleingewerbetreibende
✓ OHG		

Da es sich beim Handelsrecht um Kaufmannsrecht handelt, steht im Handelsregister nur etwas – klar! – zum *Kaufmann*. Daher werden Sie dort weder etwas zum nicht eingetragenen Kleingewerbebetrieb noch zur Gesellschaft bürgerlichen Rechts (GbR) finden.

Aufgabe 3.2

	Ihre Anmerkungen
§ 25 Abs. 2 HGB	eintragungsfähig
§ 28 Abs. 2 HGB	eintragungsfähig
§ 29 HGB	eintragungspflichtig
§ 53 Abs. 1 HGB	eintragungspflichtig
§§ 106, 107 HGB	eintragungspflichtig
§ 36 Abs. 1 AktG	eintragungspflichtig
§ 7 ff. GmbHG	eintragungspflichtig
Erteilen einer Handlungsvollmacht	eintragungsunfähig

Aufgabe 3.3

Richtig sind b) und c): Tatsächlich kann das Registergericht die unterlassene Eintragung zwar nicht selbst nachholen. Es kann den Verpflichteten aber zur Anmeldung der Eintragung anhalten und dazu gegebenenfalls auch ein Zwangsgeld festsetzen – lesen Sie dazu einfach § 14 HGB.

Aufgabe 3.4

	Die Eintragung ist …	
	konstitutiv	deklaratorisch
§ 2 HGB	X	
§ 29 HGB		X
§ 53 HGB		X
§ 105 Abs. 2 HGB	X	
§ 107 HGB		X
§ 123 Abs. 2 HGB	X	
§ 143 HGB		X
§ 41 Abs. 1 AktG	X	
§ 11 Abs. 1 GmbHG	X	

Aufgabe 3.5

Ihre Lösung könnte in etwa so aussehen:

Tatbestandsvoraussetzungen	Rechtsfolge
✓ Vorliegen einer eintragungspflichtigen Tatsache ✓ Fehlende Eintragung oder Bekanntmachung ✓ Unkenntnis des Dritten von der Tatsache	Ein Kaufmann kann das Nichteintragen einer eintragungspflichtigen Tatsache einem Dritten nicht entgegenhalten.

Es kann also sein, dass die tatsächliche und die im Handelsregister dokumentierte Sachlage nicht übereinstimmen. Dann bleiben zwischenzeitliche Veränderungen quasi außen vor. Das ist übrigens damit gemeint, wenn es manchmal heißt, jemand darf sich auf das »Schweigen« (also die Nichteintragung) des Handelsregisters verlassen.

In einer Fallbearbeitung könnten Sie (falls ein Sachverhalt dazu Anlass gibt!) bei der Rechtsfolge noch thematisieren, dass man dem Dritten ein *Wahlrecht* zubilligt: Er kann nämlich wählen, ob er sich auf die wirkliche Rechtslage berufen möchte (zum Beispiel auf das eintragungspflichtige Erlöschen einer Prokura) oder auf die Publizitätswirkungen § 15 Abs. 1 HGB (zum Beispiel das »Fortgelten« einer zwischenzeitlich erloschenen Prokura). Was wird er tun? Er wird sich wohl auf die jeweils für ihn günstigere Rechtslage berufen (das ist meist die Rechtsfolge nach § 15 Abs. 1 HGB). Apropos: Er kann sich bei seinem Wahlrecht sogar teils auf die registerrechtliche und die tatsächliche Rechtslage berufen und sich insofern die Rosinen rauspicken. Das ist unter dem Stichwort *Rosinentheorie* bekannt (dieses Problem ist für Einsteiger allerdings nicht so prüfungsrelevant; sollten Sie mehr dazu wissen wollen, werden Sie fündig im *Handels- und Gesellschaftsrecht für Dummies*, Kapitel 4).

Aufgabe 3.6

Ihre Lösung könnte in etwa so aussehen:

Tatbestandsvoraussetzungen	Rechtsfolge
✓ Vorliegen einer eintragungspflichtigen Tatsache (*Anmerkung*: Die Tatsache muss zudem »richtig« sein, was sich allerdings nicht direkt aus dem Wortlaut der Norm ergibt.) ✓ Eintragung und Bekanntmachung der Tatsache ✓ Kein Eingreifen der »Schonfrist« von 15 Tagen nach § 15 Abs. 2 Satz 2 HGB (*Anmerkung*: Sie sollten immer hellhörig werden, wenn in einem Sachverhalt Datumsangaben auftauchen!)	Der Kaufmann kann die eingetragene Tatsache dann dem Dritten entgegenhalten.

Bei § 15 Abs. 2 ist es im Grunde genau umgekehrt wie bei § 15 Abs. 1 HGB. Diese Norm stellt quasi das Spiegelbild zu Absatz 1 dar. Geschützt ist hier der Kaufmann. Er kann eine im Handelsrecht dokumentierte Tatsache (und damit das »Reden« des Handelsregisters) seinem Vertragspartner entgegenhalten.

Aufgabe 3.7

Ihre Lösung könnte in etwa so aussehen:

Tatbestandsvoraussetzungen	Rechtsfolge
✓ Vorliegen einer eintragungspflichtigen Tatsache ✓ Unrichtige Bekanntmachung (und nur die!) ✓ Gutgläubigkeit des Dritten	Nach § 15 Abs. 3 HGB kann sich der »Dritte« einem Kaufmann gegenüber (der ist gemeint mit »*demjenigen …*«) auf eine unrichtig bekannt gemachte Tatsache berufen. Das gilt nur ausnahmsweise dann nicht, wenn er die Unrichtigkeit kannte.

Obacht! Haben Sie bemerkt, dass bei § 15 Abs. 3 HGB anders als in § 15 Abs. 1 HGB einzig und allein die *unrichtige Bekanntmachung* maßgeblich ist? Sie liegt dann vor, wenn das Bekanntgemachte einerseits mit der tatsächlichen Sachlage andererseits nicht übereinstimmt. Ob eine *Eintragung* vorliegt und ob die richtig oder falsch ist, spielt keine Rolle. Nochmals: Der Wortlaut stellt allein auf die *unrichtige Bekanntmachung* ab! Wenn die Bekanntmachung richtig ist, scheidet § 15 Abs. 3 HGB natürlich aus.

Der Dritte kann wieder wählen, ob er sich auf die tatsächliche Rechtslage oder die für ihn geltende Rechtslage nach § 15 Abs. 3 HGB berufen möchte.

Das besondere Klausurproblem: Sekundäre Unrichtigkeit

Beim Handelsregister stellen sich noch eine Fülle weiterer Einzelfragen. Insofern gilt es, die Augen offen zu halten. Ein »Klassiker« ist beispielsweise die Eintragungspflicht bei fehlender Voreintragung. Bei dieser auch unter dem Stichwort »sekundäre Unrichtigkeit des Handelsregisters« bekannten Problematik geht es um folgende Frage: Besteht eine Eintragungspflicht (zum Beispiel Widerruf einer Prokura), wenn schon die Voreintragung (Erteilung der Prokura) im Handelsrecht nicht dokumentiert wurde? Eigentlich stimmen dann ja die wirkliche und die dokumentierte Sachlage überein. Überwiegend wird eine solche Pflicht dennoch angenommen: Schließlich könnte der Geschäftspartner ja auf anderem Wege als über das Handelsregister von einer ursprünglich erteilten Prokura erfahren haben.

Aufgabe 3.8

Nachfolgend ein paar »Übersetzungshilfen«:

a) *Einzutragende Tatsache*: Damit sind nur die *eintragungspflichtigen* Tatsachen gemeint.

b) *Von demjenigen, in dessen Angelegenheiten sie einzutragen war*: Damit ist der Kaufmann gemeint.

c) *Dritter*: Damit ist natürlich keineswegs ein Zahnersatz gemeint, sondern ein etwaiger Vertragspartner.

Aufgabe 3.9

Bei § 15 Abs. 3 HGB stellt sich noch ein besonderes Problem, wenn die fehlerhafte Bekanntmachung vom Kaufmann selbst gar nicht veranlasst wurde (getreu der Devise »Da kann ich doch nix dafür«). Hierzu werden zwei Meinungen vertreten:

- Nach einer Ansicht ist der Wortlaut der Vorschrift eindeutig, sodass es bei der – zugegebenermaßen sehr weitreichenden – Haftung nach § 15 Abs. 3 HGB bleibt.
- Nach einer anderen – und wohl vorherrschenden – Ansicht soll nur derjenige haften, der die unrichtige Bekanntmachung in irgendeiner Weise veranlasst hat (*Veranlasserprinzip*). Dem genügt aber schon, wenn der Kaufmann eine Anmeldung beim Handelsregister eingereicht und damit quasi den Stein ins Rollen gebracht hat. In der Praxis sollte ein Kaufmann daher gegebenenfalls überprüfen, ob seine Anmeldung tatsächlich richtig bekannt gemacht wurde.

Aufgabe 3.10

Wenn das zwischenzeitliche Erlöschen der Prokura von Peer als eintragungspflichtige Tatsache (§ 53 Abs. 2 HGB) im Handelsregister *nicht* dokumentiert ist, dann ist an § 15 Abs. 1 HGB zu denken (*negative* Publizität!). Der Kaufmann Konrad kann einem Dritten das Erlöschen nicht entgegenhalten (*Rechtsfolge*!). Etwaige Vertragspartner von Konrad dürfen insoweit vielmehr auf das »Schweigen« des Handelsregisters vertrauen. Konrad ist dann also an die von Peer abgeschlossenen Verträge gebunden – selbst schuld!

§ 15 Abs. 1 HGB betrifft nicht nur die Prokura. Die Vorschrift ist im Hinblick auf das Gesellschaftsrecht ebenfalls von Interesse. So ist das Ausscheiden eines Gesellschafters aus einer OHG auch *eintragungspflichtig* (§ 143 Abs. 2 HGB). Falls die Eintragung und Bekanntmachung unterbleiben (Schweigen des Handelsregisters!), haftet ein zwischenzeitlich ausgeschiedener OHG-Gesellschafter trotzdem weiterhin für Verbindlichkeiten – also die Schulden – der OHG. Und das gilt selbst dann, wenn sie – aufgepasst! – *nach* seinem Ausscheiden begründet wurden. Denn einem Geschäftspartner gegenüber gilt der ausgeschiedene Gesellschafter mit Blick auf § 15 Abs. 1 HGB noch immer als Gesellschafter! Tja, so ist das …

Aufgabe 3.11

In diesem Fall ist es genau spiegelbildlich zu § 15 Abs. 1 HGB. Ist das zwischenzeitliche Erlöschen einer Prokura im Handelsregister (§ 53 Abs. 2 HGB) korrekt dokumentiert (*positive* Publizität!), schließt Peer aber trotzdem weiterhin Verträge für den Kaufmann Konrad, kann der sich bei Vorliegen der Tatbestandsvoraussetzungen des § 15 Abs. 2 HGB (relevant wird hier meist die Frist nach § 15 Abs. 2 Satz 2 HGB) auf das Erlöschen berufen. Der Kaufmann braucht die getätigten Geschäfte dann je nach Fallgestaltung nicht gegen sich gelten zu lassen – Glück gehabt!

Teil II (2. Tag)
Die nächste Etappe: Die Firma und die Vertretung des Kaufmanns

Aufgabe Kapitel 4: Nomen est omen: Die Firma

- ✓ Sie wissen, inwieweit bei der Firma die juristische Begrifflichkeit von der Umgangssprache abweicht?
- ✓ Fällt Ihnen ein, woraus eine Firma besteht?
- ✓ Sind Ihnen die Firmengrundsätze geläufig?
- ✓ Kennen Sie die Haftungsregeln bei der Firmenfortführung?

Aufgabe Kapitel 5: Wenn sich der Kaufmann vertreten lässt

- ✓ Ihnen ist klar, was die Stellvertretung ausmacht?
- ✓ Wissen Sie, was die Prokura ist?
- ✓ Kennen Sie die Unterschiede der Prokura und der Handlungsvollmacht?
- ✓ Inwieweit ist ein Ladenangestellter zur Vertretung berechtigt?

In diesem Teil ...

Nun haben Sie die Gelegenheit, Ihre Kenntnisse rund um den Namen des Kaufmanns auf den Prüfstand zu stellen. Zudem begegnet Ihnen mit der Vertretung des Kaufmanns ein weiteres sehr prüfungsrelevantes Teilgebiet des Handelsrechts.

Nomen est omen: Die Firma

4

In diesem Kapitel …

- Relevanz des Firmenrechts einschätzen
- Allgemeine Grundlagen des Firmenrechts beherrschen
- Haftungsprobleme bei der Firmenfortführung lösen

Das Wichtigste gleich vorab: Die Bedeutung des Firmenrechts für Prüfungen ist unterschiedlich. Durchaus relevant (gerade im Hinblick auf Fallbearbeitungen) sind die in den §§ 25 bis 28 HGB geregelten Haftungsfragen rund um die Firmenfortführung. Um diese Vorschriften überhaupt anwenden zu können, muss man aber natürlich erst einmal wissen, was eine Firma eigentlich ist (auch wenn das selbst wiederum nicht ganz so prüfungsrelevant ist – jedenfalls nicht direkt).

Wenn Sie sich bezüglich des Firmenrechts nicht mehr sicher sind, schlagen Sie im *Handels- und Gesellschaftsrecht für Dummies* in Kapitel 5 nach, bevor Sie sich den nachfolgenden Punkten widmen.

Kurz wiederholt: Die Basics zum Firmenrecht

Der Begriff der Firma

Was ist eine Firma eigentlich? Sicher sind Sie auf § 17 Abs. 1 HGB gestoßen. Dort steht, dass die »Firma« ein Name ist, und zwar »der Name des Kaufmanns, unter dem er im Handel seine Geschäfte betreibt und die Unterschrift abgibt«. Der Kaufmann nutzt die Firma also als Bezeichnung im Rechtsverkehr. Dass Kaufleute eine Firma haben müssen, ergibt sich aus § 29 HGB.

Umgangssprachlich wird »Firma« häufig als Synonym für »Unternehmen« verwendet (etwa: »Der Alois betreibt eine Firma für Sicherheitstechnik«). Alltagssprache und juristische Fachterminologie unterscheiden sich also voneinander. Lernen Sie gleich die Begriffe richtig zu verwenden! Die Firma ist nicht das Unternehmen, sondern »bloß« ein Name!

Jede Firma hat bestimmte Bestandteile, und zwar den

- **Firmenkern** (dazu gleich noch mehr) und den
- **Rechtsformzusatz** (der kennzeichnet die jeweilige Rechtsform, § 19 HGB).

Lernen Sie wiederum nichts auswendig: In § 19 HGB sind direkt einige Beispiele für Rechtsformzusätze genannt: etwa »e.K.« für einen eingetragenen (Einzel-)Kaufmann, »OHG« für offene Handelsgesellschaft, »KG« für Kommanditgesellschaft. Darüber hinaus gibt es spezielle Regelungen für die Gesellschaft mit beschränkter Haftung, die Aktiengesellschaft oder die eingetragene Genossenschaft (mehr dazu bei den Aufgaben).

Die Vielfalt der Firma

Es gibt verschiedene Arten von Firmen. Sie finden dazu allerdings nicht direkt etwas im HGB. Merken Sie sich, dass eine Firma an unterschiedlichen Merkmalen anknüpfen kann. Im Hinblick auf den sogenannten *Firmenkern* hat ein Kaufmann die (Qual der) Wahl zwischen:

- ✓ **Personenfirma:** Sie bezieht sich auf die Person des Unternehmensträgers, also Einzelkaufmann oder Gesellschaft (Beispiel: »Martina Meier e.K.«).
- ✓ **Sachfirma:** Sie orientiert sich auf den Unternehmensgegenstand (Beispiel: »Ostbevener Industriebau GmbH«).
- ✓ **Fantasiefirma:** Ihr liegt eine Fantasiebezeichnung zugrunde (Beispiel: »DigiToi OHG«).
- ✓ **Mischfirma:** Sie kombiniert unterschiedliche Elemente wie etwa der Sach- und der Personenfirma (Beispiel: »Autohaus Falk Flott KG«).

Unterscheiden sollten Sie die Firma von sogenannten *Geschäfts-* oder *Etablissementbezeichnungen*. Letztere haben keinen *Rechtsformzusatz* (Beispiel »Amts-Apotheke« oder »Gasthaus zum Gugelhupf«). Solche Bezeichnungen unterfallen daher nicht dem handelsrechtlichen Firmenrecht.

Eine Firma kann durchaus »wertvoll« sein und veräußert sowie vererbt werden. Das aber nie losgelöst vom Handelsgeschäft. Eine solche »Leerübertragung« verbietet § 23 HGB!

Merken Sie sich zudem:

- ✓ **Einfache/zusammengesetzte Firma:** Wenn eine Firma nur einen Firmenkern hat (zum Beispiel den Personennamen »Falk Flott«), handelt es sich um eine *einfache* Firma. Wenn sie hingegen weitere Angaben enthält (zum Beispiel »Autohaus Falk Flott«), spricht man von einer *zusammengesetzten* Firma.
- ✓ **Ursprüngliche/abgeleitete Firma:** Wird eine Firma im Rahmen einer Neugründung erstmals gebildet, so spricht man von einer *ursprünglichen* Firma. Wird eine bestehende Firma dagegen von einem neuen Inhaber weitergeführt (zum Beispiel aufgrund einer vertraglichen Vereinbarung oder aufgrund einer Erbschaft), so spricht man von einer *abgeleiteten* Firma.

Die Bedeutung der Firma

Eine Firma ist in unterschiedlicher Hinsicht von Bedeutung. Zwei wichtige Funktionen betreffen die

✓ **Identifizierung:** Wie jeder Name dient die Firma dazu, jemanden zu identifizieren – hier den Kaufmann, wie er im Rechtsverkehr auftritt.

✓ **Haftung:** Vor allem aber ist die Firma haftungsrechtlich bedeutsam. Insofern hilft einmal mehr ein Blick in das Gesetz: Nach § 17 Abs. 2 HGB kann ein Kaufmann unter seiner Firma nämlich klagen und – wichtig (!) – verklagt werden.

Die Regelung nach § 17 Abs. 2 HGB ist für die Praxis sehr hilfreich. Warum? Nun, man braucht so nicht erst mühsam danach zu forschen, wer sich denn hinter einer Firma verbirgt. Sie können eine Klage einfach gegen die Firma richten. Außerdem liefert der gesetzlich vorgesehene Rechtsformzusatz haftungsrechtlich wichtige Informationen (etwa wenn es sich um eine »GmbH« handelt, die nur »beschränkt« haftet).

Die Grundsätze der Firma

Ein Kaufmann hat viele Möglichkeiten bei der Firmenwahl. Es gibt aber ein paar Einschränkungen der Wahlfreiheit. Maßgeblich sind insoweit die Firmengrundsätze. Sie können sich dabei fast immer wieder am Gesetz orientieren:

✓ **Grundsatz der Firmenunterscheidbarkeit**

- **Regelung:** § 18 Abs. 1 HGB und § 30 Abs. 1 HGB
- **Inhalt:** Eine Firma muss Unterscheidungskraft besitzen und zur Kennzeichnung geeignet sein (§ 18 Abs. 1 HGB) und sie muss sich von allen am selben Ort eingetragenen Firmen deutlich unterscheiden (§ 30 Abs. 1 HGB).

✓ **Grundsatz der Firmenwahrheit**

- **Regelung:** § 18 Abs. 2 Satz 1 HGB
- **Inhalt:** Eine Firma darf keine Angaben enthalten, die geeignet sind, über geschäftliche Verhältnisse irrezuführen (Irreführungsverbot).

Schauen Sie sich noch einmal den Wortlaut der Norm an. Ausreichend ist bereits die bloße »Eignung« (ob eine tatsächliche Irreführung besteht, ist irrelevant). Jedoch umfasst das Verbot nur solche Angaben, die für die angesprochenen Verkehrskreise »wesentlich« sind (Wesentlichkeitsschwelle). Wann das der Fall ist? Leider lassen sich verbindliche Aussagen insoweit kaum treffen. Maßgeblich sind immer die jeweiligen Umstände des Einzelfalls, wobei es immer auf die jeweils angesprochenen Verkehrskreise ankommt.

- **Grundsatz der Firmeneinheit**
  - **Regelung:** Aufgepasst! Dieser Grundsatz ist gesetzlich ausnahmsweise nicht geregelt.
  - **Inhalt:** Ein Kaufmann darf für ein und dasselbe Unternehmen nur eine Firma führen – sollte eigentlich selbstverständlich sein, oder?
- **Grundsatz der Firmenöffentlichkeit**
  - **Regelung:** Ausprägungen dieses Grundsatzes finden sich gleich in mehreren Regelungen (siehe § 29 HGB, § 31 Abs. 1 HGB, § 31 Abs. 2 HGB, § 37a Abs. 1 HGB).
  - **Inhalt:** Die Firma muss nach außen sichtbar werden.
- **Grundsatz der Firmenbeständigkeit**
  - **Regelung:** Dieser Grundsatz findet sich ebenfalls in mehreren Vorschriften (§§ 21 ff. HGB).
  - **Inhalt:** Eine Firma darf beibehalten werden, selbst wenn sich der Unternehmensträger geändert hat. Das ist etwa der Fall, wenn sich der bürgerliche Name des Kaufmanns ändert (§ 21 HGB) oder das Unternehmen einen neuen Inhaber bekommen hat (§ 22 HGB) oder bei Änderungen im Gesellschafterkreis (§ 24 HGB).

Bei der *abgeleiteten* Firma tritt der *Grundsatz der Firmenwahrheit* hinter dem *Grundsatz der Firmenbeständigkeit* zurück.

Wenn Sie noch mehr zur Firma wissen wollen

Die Firma ist handelsrechtlich verschiedentlich geschützt.

- **Schutz durch das Registergericht:** Es kann im Falle eines sogenannten Firmenmissbrauchs zum Beispiel auf ein Unterlassen des Firmengebrauchs hinwirken und Ordnungsgeld festsetzen (§ 37 Abs. 1 HGB). Ein solcher Missbrauch liegt etwa bei unzulässigen Angaben vor (so wurde zum Beispiel die Firmierung »GbR-mbH« moniert).
- **Schutz durch den Firmeninhaber:** Er kann bei einem unbefugten Firmengebrauch die Unterlassung verlangen (§ 37 Abs. 2 HGB). Sie sollten also vermeiden, »Volkswagen« zum Bestandteil Ihrer Firma zu machen. Das könnte die »Volkswagen AG« auf den Plan rufen.

Daneben gibt es weitere Vorschriften zum Firmenschutz:

- Schadensersatz- und Unterlassungsanspruch nach § 15 Markengesetz
- Anspruch auf Beseitigung, Unterlassung und Schadensersatz nach §§ 8 ff. UWG
- Ansprüche auf Beseitigung und Unterlassung nach § 12 BGB und § 1004 Abs. 1 BGB analog
- Anspruch auf Schadensersatz nach § 823 Abs. 1 BGB

In Anfängerprüfungen spielen diese Aspekte aber meist keine Rolle.

Aufgaben zu Kapitel 4 – Block I

Aufgabe 4.1

Welche speziellen Regelungen zur Firma sind in den nachfolgenden Fällen anzuwenden und welche Rechtsformzusätze gelten jeweils?

	Ihre Anmerkungen
Gesellschaft mit beschränkter Haftung	
Aktiengesellschaft	
Eingetragene Genossenschaft	

Aufgabe 4.2

Würden Sie die nachstehenden Angaben als zulässige Firmen ansehen?

a) »Hairstyle International OHG« (für einen lokalen Friseursalon in einer Kleinstadt)

b) »Auto GmbH«

c) »Jessica Schmidt e.K.« (für einen Blumenhandel in Berlin), wenn es schon eine »Jessica Schmidt e.K.« (für eine Motorradwerkstadt in München) gibt

d) »Felicitas Faible GmbH & Co KG« (wenn »Felicitas Faible« nach ihrer Heirat ihren Nachnamen »Faible« abgelegt hat und inzwischen »Felicitas Gräfin von Seins-Okermünd heißt)

Aufgabe 4.3

Anton (A), Berta (B) und Cloe (C) schließen sich zu einer GbR zusammen. Bei einem Glas Wein diskutieren sie sehr intensiv darüber, unter welcher Firma die GbR künftig auftreten soll. Was halten Sie von einer solchen Diskussion?

Aufgabe 4.4

Anna und Balduin betreiben einen Baustoffhandel unter der Firma »Anna & Balduin Baustoffe OHG«. Falls Anna aus dem Unternehmen ausscheidet und nur noch Balduin verbleibt, könnte er dann noch unter der bisherigen Firma auftreten?

Kurz wiederholt: Die Fortführung der Firma

Die sogenannte Firmenfortführung ist ein Thema, das Ihnen durchaus in der Prüfung begegnen kann. Geregelt ist sie ab § 25 HGB. Dort verstecken sich Haftungsgefahren, weshalb die Firmenfortführung nicht ganz risikolos ist.

In den §§ 25 ff. HGB begegnet Ihnen der Begriff »Handelsgeschäft«. Vielleicht denken Sie hierbei an § 343 HGB, wonach »Handelsgeschäfte« die Geschäfte eines Kaufmanns sind? Gute Idee, aber leider Fehlanzeige: »Handelsgeschäft« in den §§ 25 ff. HGB meint etwas anderes, und zwar das *Unternehmen als eine wirtschaftliche Einheit* (also gerade nicht das »Handelsgeschäft« im Sinne des § 343 HGB; siehe dazu Kapitel 6). Das HGB verwendet also denselben Begriff mal so und mal so. Das ist unglücklich und verwirrend, aber es lässt sich nicht ändern. Bringen Sie hier nur nichts durcheinander!

Der Erwerb eines Handelsgeschäfts und die Haftung für Altverbindlichkeiten

Jemand kann also das Handelsgeschäft (sprich: ein Unternehmen) eines Kaufmanns erwerben. Dann stellt sich die Frage: Wer haftet für die »Altverbindlichkeiten« des früheren Inhabers?

- ✓ **Bisheriger Inhaber als Altschuldner:** Grundsätzlich haftet der frühere Inhaber für die Altverbindlichkeiten weiterhin neben dem Erwerber des Handelsgeschäfts. Eine gewisse Einschränkung gibt es dennoch: Sehen Sie sich dazu § 26 Abs. 1 Satz 1 HGB zur Nachhaftung an.
- ✓ **Erwerber des Handelsgeschäfts:** Nach § 25 HGB gelten sämtliche im Betrieb des Geschäfts begründeten Verbindlichkeiten (»Altschulden«) als übergegangen. Damit haftet der Erwerber des Handelsgeschäfts ebenfalls, und zwar mit seinem gesamten Vermögen! Es handelt sich um einen sogenannten *gesetzlichen Schuldbeitritt*: Der Gläubiger erhält neben dem Altschuldner einen weiteren Schuldner – wie komfortabel!

Will der neue Inhaber des Handelsgeschäfts seine Haftung ausschließen, sollte er einen Haftungsausschluss vereinbaren (»abweichende Vereinbarung«). Damit der aber nicht nur zwischen den beiden, sondern auch im Außenverhältnis gegenüber Dritten gilt, muss das zeitnah im Handelsregister eingetragen werden (§ 25 Abs. 2 HGB). Apropos: Wissen Sie noch, um was für eine Tatsache es sich handelt? Genau: eine *eintragungsfähige* Tatsache.

Wenn Sie noch mehr zum Firmenrecht wissen wollen

Bei § 25 HGB stellen sich noch viele Einzelfragen. Beispielsweise ob das zugrunde liegende Rechtsgeschäft (also der Vertrag zur Übernahme des Handelsgeschäfts) selbst *rechtlich* gültig sein muss (etwa weil es infolge einer Täuschung angefochten wurde, §§ 142, 123 BGB).

Ob gültig oder ungültig ist jedoch irrelevant! § 25 Abs. 1 HGB dient dazu, Außenstehende und damit den Rechtsverkehr zu schützen. Und ein Außenstehender wird schwerlich einschätzen können, ob zwischen dem bisherigen Inhaber und dem Erwerber ein wirksamer Übernahmevertrag zustande gekommen ist. Sie sehen, hier kann man mit allgemeinen Überlegungen zu den Zielen des Handelsrechts argumentieren (siehe bereits Kapitel 1).

Der Erwerb eines Handelsgeschäfts und der Übergang von Forderungen

Der neue Unternehmensinhaber hat nicht nur für bestehende Verbindlichkeiten geradezustehen. Wenn Sie sich § 25 Abs. 1 Satz 2 HGB ansehen, dann »gelten« (Fiktion!) die im Betrieb begründeten *Forderungen* dem Schuldner gegenüber als auf den Erwerber übergegangen. Die Vorschrift greift, wenn die Voraussetzungen des § 25 Abs. 1 Satz 1 vorliegen und *zusätzlich* der bisherige Inhaber in die Firmenfortführung einwilligt. Ist das gegeben, dann erfüllt (§ 362 BGB) ein Kunde, der dem Handelsgeschäft (Unternehmen) zum Beispiel noch Geld schuldet, seine Pflicht, egal ob er an den neuen oder den bisherigen Inhaber zahlt. Das schafft Rechtssicherheit.

Altverbindlichkeiten und Forderungen bei Nichtfortführen der Firma

Vielleicht hat ein neuer Inhaber aber gar kein Interesse daran, die Firma fortzuführen. Was gilt dann bezüglich der Altschulden und der Forderungen? Werfen Sie einen Blick in § 25 Abs. 3 HGB. Eine Haftung für Altverbindlichkeiten kommt dann nur noch bei Vorliegen eines besonderen Verpflichtungsgrundes in Betracht. Der kann vertraglicher Natur sein (zum Beispiel durch einen – gesetzlich nicht explizit geregelten – *Schuldbeitritt* oder eine *Vertragsübernahme*). In Betracht kommen zudem gesetzliche Verpflichtungsgründe, etwa wenn im Rahmen des (praktisch sehr wichtigen!) Betriebsübergangs nach § 613a BGB der neue Inhaber in die Rechte und Pflichten bestehender Arbeitsverhältnisse eintritt.

Die Erbenhaftung bei Firmenfortführung

Man kann ein Handelsgeschäft (Unternehmen) nicht nur erwerben, sondern auch erben. Ein Erbe haftet nach §§ 1922, 1967 BGB für die Nachlassverbindlichkeiten; er kann die Haftung aber beschränken (§ 1975 BGB). Neben dieser erbrechtlichen Haftung gibt es in § 27 HGB noch eine handelsrechtliche Haftung; sie ist weitgehender und kann grundsätzlich nicht beschränkt werden.

Es handelt sich bei § 27 HGB um eine Verweisungsnorm, und zwar – das sollten Sie sich merken – eine sogenannte *Rechtsgrundverweisung*. Was heißt das? Ganz einfach: Die Norm verweist nicht nur auf die Rechtsfolgen des § 25 HGB (dann wäre es eine *Rechtsfolgenverweisung*), sondern zugleich auf die dort genannten Voraussetzungen.

Die Haftung ist zeitlich eingeschränkt: In § 27 Abs. 2 HGB finden Sie eine Dreimonatsfrist. Danach scheidet die Haftung aus, wenn die Fortführung des Geschäfts vor dem Ablauf von drei Monaten nach Kenntnis der Erbschaft eingestellt wird.

Diese Regelung nach Absatz 2 schützt den Erben etwas und gibt ihm eine gewisse Bedenkzeit: Soll das Unternehmen fortgeführt und dafür die unbeschränkte Haftung in Kauf genommen werden?

Der Eintritt in das Geschäft eines Einzelkaufmanns

Was regelt § 28 Abs. 1 HGB? Lesen Sie die Vorschrift erst einmal, bevor Sie antworten! Die Vorschrift betrifft die Fälle, in denen jemand in das Geschäft eines Einzelkaufmanns »eintritt«. Gemeint ist damit, dass ein Einzelkaufmann einen Teilhaber aufnimmt. Tun sich zwei zusammen, gibt es natürlich keinen Einzelkaufmann mehr, sondern es entsteht eine Gesellschaft, und zwar – je nach Ausgestaltung – eine neu *gegründete* OHG oder eine KG. Nach § 28 Abs. 1 HGB haftet »die Gesellschaft, auch wenn sie die frühere Firma nicht fortgeführt, für alle im Betrieb des Geschäfts entstandenen Verbindlichkeiten des früheren Inhabers«.

Aufgaben zu Kapitel 4 – Block II

Aufgabe 4.5

Axel liebäugelt damit, ein unter »Knoll Textilien GmbH« firmierendes Unternehmen zu erwerben. Er fragt sich, unter welchen konkreten Voraussetzungen er gegebenenfalls für Altschulden des bisherigen Inhabers haften muss. Können Sie erläutern, welche Tatbestandsmerkmale des § 25 HGB dazu erfüllt sein müssten? Bemühen Sie sich, die Merkmale allein mit Ihrem Gesetzestext herauszuarbeiten!

Aufgabe 4.6

Gingen, wenn Axel die Firma »Knoll Textilien GmbH« erwirbt, etwaige Forderungen ebenfalls auf ihn über?

Aufgabe 4.7

Beate erbt das Geschäft ihres Vaters. Sie fragt sich, unter welchen Voraussetzungen sie gegebenenfalls haftet. Was antworten Sie ihr? (Nehmen Sie wieder Ihr Gesetz zur Hand; nicht vorher spicken!)

Aufgabe 4.8

Was sind die Tatbestandsvoraussetzungen des § 28 HGB?

Aufgabe 4.9

Können Sie sich erklären, weshalb der Begriff des »Eintritts« in § 28 HGB vielfach als nicht ganz »angemessen« beziehungsweise sogar als etwas verwirrend aufgefasst wird?

Aufgabe 4.10

Lässt sich die Haftung nach § 28 HGB ausschließen?

Aufgabe 4.11

Ist § 28 Abs. 1 HGB eigentlich auf Kleingewerbetreibende anwendbar?

Aufgabe 4.12

Anton betreibt ein Geschäft mit Import von Möbeln und Wohnaccessoires aus Asien und Afrika. Er firmiert unter »ASIAF Import Anton e.K.«. Mit dem Kunden Klaus schließt er einen Vertrag zur Lieferung von Einrichtungsgegenständen. Noch vor der Lieferung veräußert Anton sein Unternehmen an Norbert als Nachfolger. Der betreibt es unter der Firma »ASIAFRI Import e.K.« weiter fort. Klaus wendet sich nun an Norbert. Der sieht sich jedoch nicht an den Vertrag gebunden, weil Klaus ihn einmal schlecht beraten hat. Besteht eine Lieferverpflichtung von Norbert gegenüber Klaus? Erstellen Sie ein Kurzgutachten.

Alles gewusst? Lösungshinweise zu Kapitel 4

Aufgabe 4.1

	Ihre Anmerkungen
Gesellschaft mit beschränkter Haftung	§ 4 GmbH (Rechtsformzusatz zum Beispiel »GmbH«)
Aktiengesellschaft	§ 4 AktG (Rechtsformzusatz zum Beispiel »AG«)
Eingetragene Genossenschaft	§ 3 GenG (Rechtsformzusatz zum Beispiel »eG«)

Aufgabe 4.2

Hier die Lösungen:

a) »Hairstyle International OHG« für einen lokalen Friseursalon in einer Kleinstadt wäre ein Verstoß gegen § 18 Abs. 2 HGB (Grundsatz der Firmenwahrheit, Verbot der Irreführung), wenn der Bezug zum internationalen Markt fehlt.

b) »Auto GmbH« reicht nicht zur Individualisierung und damit zur Kennzeichnung aus; daher ein Verstoß gegen § 18 Abs. 1 HGB (Grundsatz der Firmenunterscheidbarkeit); anders wäre es bei »Autohaus Loewe GmbH«.

c) »Jessica Schmidt e.K.« in Berlin und in München stellt keinen Verstoß gegen die Firmenunterscheidbarkeit nach § 30 HGB. Die Regelung bezieht sich auf den gleichen Ort.

d) »Felicitas Faible GmbH & Co KG« kann weiter genutzt werden. Es stellt trotz Namenswechsels (§ 1355 BGB) keinen Verstoß gegen den Grundsatz der Firmenbeständigkeit dar. Das ist gemäß § 21 HGB vielmehr zulässig.

Aufgabe 4.3

Eine solche Diskussion ist überflüssig, wenn es um die Firma geht. Nur Kaufleute können eine Firma führen. Die GbR ist aber kein Kaufmann (wenn Ihnen das nicht mehr klar ist, schlagen Sie noch einmal beim Formkaufmann in Kapitel 2 sowie bei der GbR in Kapitel 8 nach). Möglich wäre es allenfalls, der GbR eine Geschäftsbezeichnung zu verpassen. Eine solche hat aber freilich nicht die Wirkungen einer Firma.

Aufgabe 4.4

Es könnte ein Verstoß gegen den *Grundsatz der Firmenwahrheit* (§ 18 Abs. 2 HGB) vorliegen, wonach eine Firma keine irreführenden Angaben enthalten darf. Die Firma »Anna und Balduin Baustoffe OHG« lässt den Eindruck entstehen, Anna sei Gesellschafterin, was mit ihrem Ausscheiden aber nicht mehr der Fall ist. Möglicherweise greift aber eine Ausnahme: So kann nach § 24 HGB bei Ausscheiden eines Gesellschafters die bisherige Firma fortgeführt werden, wenn der ausgeschiedene Gesellschafter einwilligt. Dazu müsste aber überhaupt noch eine

Gesellschaft bestehen. Mit Ausscheiden von Anna bleibt nur noch Balduin zurück. Eine OHG bestehend aus einer Person gibt es aber nicht. Zwar könnte Balduin das Unternehmen noch fortführen, aber nicht mehr als Gesellschaft und nicht mehr unter der bisherigen Firma (eine Möglichkeit wäre, jetzt unter »A+B Baustoffe e.K.« zu firmieren).

Aufgabe 4.5

Axel würde haften, wenn folgende Voraussetzungen erfüllt sind (Tatbestandsmerkmale des § 25 Abs. 1 HGB):

- ✓ Vorliegen einer *Geschäftsverbindlichkeit des früheren Geschäftsinhabers*. In Betracht kommen insofern alle Arten von Verbindlichkeiten (zum Beispiel aus Vertrag, §§ 433, 611 BGB, 631 BGB, sowie aus Delikt), jedenfalls sofern ein geschäftlicher Bezug besteht (also keine Privatgeschäfte des bisherigen Inhabers).
- ✓ Vorliegen eines *kaufmännischen Handelsgeschäfts*. Selbst wenn es dem Gesetzeswortlaut direkt nicht zu entnehmen ist, soll bereits der Erwerb eines wesentlichen Teils des Handelsgeschäfts genügen!
- ✓ *Erwerb unter Lebenden und Fortführung des Handelsgeschäfts*. »Erwerb« meint die dauerhafte oder die zeitweilige Übertragung des Handelsgeschäfts (zum Beispiel durch Kauf- oder Pachtvertrag; soll allerdings nicht für den Erwerb vom Insolvenzverwalter gelten).
- ✓ *Fortführung der bisherigen Firma*. Nicht nur das bisherige Unternehmen muss fortgeführt werden, sondern ebenso die Firma. Verwendet der neue Inhaber einen Zusatz, der das Nachfolgeverhältnis andeutet (zum Beispiel »Nachf. XY«), ist er damit nicht aus dem Schneider, wie Sie § 25 Abs. 1 Satz 1 HGB explizit entnehmen können.

Übrigens braucht die Firma nicht eins zu eins fortgeführt zu werden. Es reicht vielmehr aus, wenn der prägende Teil (*Firmenkern*) erhalten bleibt (mit dem *Firmenkern* haben Sie sich ja schon weiter oben befasst). Axel wäre also selbst dann nicht aus dem Schneider, wenn er leichte Änderungen vornimmt und beispielsweise künftig unter »Knoll Textilien & Webwaren GmbH Nachf. Axel« firmiert.

Bei § 25 HGB handelt es sich übrigens nicht um eine eigenständige *Anspruchsgrundlage*. Durch die Vorschrift wird lediglich die Haftung auf den Erwerber als neuem Unternehmensinhaber erweitert. Machen Sie es sich in einer Fallbearbeitung gegebenenfalls einfach und geben Sie zugleich die Norm mit an, aus der sich die infrage stehende Verbindlichkeit ergibt (geht es zum Beispiel um einen Zahlungsanspruch aus einem Kaufvertrag, wäre die Anspruchsgrundlage § 433 Abs. 2 BGB in Verbindung mit § 25 Abs. 1 Satz 1 HGB).

Aufgabe 4.6

Die Voraussetzungen für einen Forderungsübergang nach § 25 Abs. 1 Satz 2 HGB sind:

a) Erwerb eines Handelsgeschäfts unter Lebenden,

b) Fortführung des Geschäfts unter der bisherigen Firma,

c) Einwilligung des bisherigen Inhabers oder seiner Erben in die Firmenfortführung.

Es gibt noch eine ungeschriebene Voraussetzung: Die Forderung muss übertragbar sein und es dürfen nicht besondere Formvorschriften entgegenstehen. Als Argument wird dafür ins Feld geführt, dass § 25 Abs. 1 Satz 2 HGB letztlich die Abtretung einer Forderung »fingiert«. Das könne nicht weitreichender sein als eine tatsächliche Abtretung. Klingt plausibel.

Aufgabe 4.7

Die *Rechtsgrundverweisung* der handelsrechtlichen Erbenhaftung besteht unter folgenden Voraussetzungen:

✓ Bestehen einer Geschäftsverbindlichkeit des früheren Inhabers,

✓ Handelsgeschäft, das zum Nachlass gehört,

✓ Fortführen des Handelsgeschäfts,

✓ Fortführen der Firma.

Aufgabe 4.8

Die Tatbestandsvoraussetzungen des § 28 HGB sind:

✓ Verbindlichkeit des früheren Geschäftsinhabers,

✓ Geschäft eines Einzelkaufmanns,

✓ Eintritt als persönlich haftender Gesellschafter oder als Kommanditist.

Aufgabe 4.9

Eigentlich geht es nicht um einen »Eintritt« in das Geschäft eines Einzelkaufmanns im allgemeinen Sprachgebrauch. Hinter § 28 HGB steckt vielmehr die Idee, dass der bisherige Inhaber gemeinsam mit einem anderen eine Personenhandelsgesellschaft (OHG oder KG) gründet und der bisherige Inhaber dabei sein Geschäft mit einbringt, das dann weiterbetrieben wird, und zwar in Form einer Gesellschaft. An dieser Stelle gibt es also sogar eine direkte Verbindung zwischen dem Handelsrecht und dem später noch zu behandelnden Gesellschaftsrecht.

Aufgabe 4.10

Ja, eine solche Möglichkeit gibt es. Nach § 28 Abs. 2 HGB ist eine abweichende Vereinbarung (also ein Haftungsausschluss) einem Dritten gegenüber wirksam. Das muss allerdings in das Handelsregister eingetragen und bekannt gemacht oder von einem Gesellschafter dem Dritten mitgeteilt worden sein. Es handelt sich also um eine *eintragungsfähige* Tatsache – man kann sie eintragen lassen, muss das aber nicht tun.

Aufgabe 4.11

Beachten Sie: Über den Wortlaut hinaus soll § 28 HGB auf den Eintritt in das Unternehmen eines nicht eingetragenen Kleingewerbetreibenden Anwendung finden, wenn dann eine OHG oder KG entsteht.

Aufgabe 4.12

Klaus könnte gegen Norbert ein Anspruch auf Lieferung zustehen gemäß §§ 433 Abs. 1, 25 Abs. 1 HGB. Die Voraussetzungen sind erfüllt: (1.) Eine Geschäftsverbindlichkeit ist gegeben, und zwar als Lieferverpflichtung, § 433 Abs. 1 BGB. (2.) handelt es sich um ein kaufmännisches Handelsgeschäft in Form des Kannkaufmanns nach § 2 HGB (wie der Rechtsformzusatz »e.K.« erkennen lässt). Norbert hat (3.) den Betrieb von Anton übernommen und fortgeführt, sodass ein Erwerb unter Lebenden vorliegt. Problematisch ist hier die weitere Voraussetzung, wonach (4.) die Firma beibehalten werden muss. Die ursprüngliche und die jetzige Firma stimmen nicht wortwörtlich überein. Es genügt aber, wenn sich der prägende Teil der alten Firma in der neuen Firma wiederfindet. Das ist hier im Hinblick auf »ASIAFRI« der Fall. Somit sind alle Voraussetzungen erfüllt und es besteht eine Lieferverpflichtung von Norbert gegenüber Klaus.

Achtung Klausurfalle! Im Ausgangsfall war die Frage recht eindeutig: »Besteht eine Lieferverpflichtung von Norbert gegenüber Klaus«. Man hätte die Frage hier (ebenso wie in ganz anderen Zusammenhängen) aber auch allgemeiner formulieren können, etwa: »An wen kann Klaus sich wenden?«. Dann wäre zusätzlich ein Anspruch gegen den bisherigen Inhaber Anton zu prüfen gewesen, der ja grundsätzlich weiterhin verpflichtet bleibt.

Wenn sich der Kaufmann vertreten lässt

5

In diesem Kapitel ...

- Alles rund um die Prokura
- Das Wichtigste zur Handlungsvollmacht
- Ein Ausflug zu den Ladenangestellten

Nun sind Sie schon im nächsten Kapitel angekommen und damit bei einem Thema, dessen Prüfungsrelevanz hoch ist – sehr hoch! Fragen rund um die Vertretung des Kaufmanns gehören in vielen Prüfungen zum Standardrepertoire. Im Fokus steht bei alledem die Prokura. Hier haben Sie Gelegenheit, noch einmal Ihr Wissen zu überprüfen und zu vertiefen. Los geht's.

Wenn Sie sich bezüglich der kaufmännischen Vertretung nicht mehr sicher sind, schlagen Sie im *Handels- und Gesellschaftsrecht für Dummies* in Kapitel 6 nach, bevor Sie sich den nachfolgenden Basics widmen.

Kurz wiederholt: Die Basics zur Stellvertretung

Die Stellvertretung nach dem BGB

Die kaufmännischen Vertretungsregeln werden Sie nur verstehen, wenn Ihnen die Vertretung nach dem BGB bekannt ist. Wissen Sie, welche allgemeinen Vorschriften aus dem BGB einschlägig sind? Ihnen sollten die Stellvertretungsregelungen gemäß § 164 ff. BGB einfallen. Sie betreffen die *Abgabe von Willenserklärungen*: Eine von einem Stellvertreter wirksam abgegebene Willenserklärung wirkt für und gegen den Vertretenen (§ 164 Abs. 1 BGB). Dazu müssen drei Voraussetzungen erfüllt sein (die Sie natürlich wieder nicht auswendig zu lernen brauchen, sondern die sich direkt § 164 BGB entnehmen lassen):

- ✓ **Eigene Willenserklärung:** Der Vertreter muss selbst eine Willenserklärung abgeben.
- ✓ **Im fremden Namen:** Es muss deutlich werden, dass die Rechtsfolgen eine andere Person treffen sollen.
- ✓ **Vertretungsmacht:** Unterscheiden Sie zwei Formen der Vertretungsmacht:
  - **Rechtsgeschäftliche Vertretungsmacht:** Im BGB heißt sie *Vollmacht* (siehe § 166 Abs. 2 BGB). Sie kann nach Belieben vom Vollmachtgeber erteilt werden.
  - **Gesetzliche Vertretungsmacht:** Hier ist die Vertretungsmacht gesetzlich festgelegt. So sind zum Beispiel die Eltern gesetzliche Vertreter ihrer Kinder (§ 1629 BGB).

Die Stellvertretung nach dem HGB

Das HGB kennt einige besondere Regelungen, wenn es um die Vertretung eines Kaufmanns geht. Drei Optionen sollten Ihnen einfallen:

- **Prokura** (ab § 48 HGB),
- **Handlungsvollmacht** (ab § 54 HGB) und
- **Vertretung durch Ladenangestellte** (§ 56 HGB).

Aufgaben zu Kapitel 5 – Block I

Aufgabe 5.1

Erläutern Sie mit eigenen Worten den Begriff *Vertretungsmacht*.

Aufgabe 5.2

Selbst wenn das Handelsrecht spezielle Regelungen zur Vertretung vorsieht: Kann ein Kaufmann auch eine einfache *Vollmacht* erteilen?

Aufgabe 5.3

Warum gibt es im Handelsrecht überhaupt besondere Vertretungsregelungen?

Aufgabe 5.4

Was genau modifizieren eigentlich die handelsrechtlichen Regelungen zur Vertretung?

Kurz wiederholt: Die handelsrechtlichen Vertretungsregeln im Detail

Die Prokura

Begriff und Formen der Prokura

Knöpfen Sie sich nun die erste Vertretungsform des HGB genauer vor, die Prokura. Was ist das? Ganz einfach: Die Prokura ist eine besondere *Vertretungsmacht* aus dem Handelsrecht.

Die Prokura modifiziert also die Regelungen zur *Vertretungsmacht*. Thematisieren Sie in einer Fallbearbeitung die Prokura dort, wo es darauf ankommt, nämlich bei der *Vertretungsmacht*.

Es gibt unterschiedliche Formen der Prokura:

✓ **Einzelprokura:** Eine Person ist allein vertretungsberechtigt.

✓ **Gesamtprokura:** Die Prokura wird an mehrere Personen gemeinschaftlich erteilt (§ 48 Abs. 2 HGB), wobei dann zu differenzieren sein soll (ist aber dem Gesetz nicht zu entnehmen):

  - **Aktivvertretung:** Bei der *Abgabe* einer Willenserklärung können die Prokuristen den Kaufmann tatsächlich nur gemeinsam vertreten (das muss nicht notwendigerweise *gleichzeitig* bedeuten).
  - **Passivvertretung:** Bei der *Annahme* von Willenserklärungen reicht es, wenn einer der Gesamtprokuristen die Willenserklärung annimmt.

Neben der vorstehenden *echten* gibt es noch die *unechte* Gesamtprokura. Bei Letzterer ist ein Prokurist ebenfalls gemeinsam mit einer Person zur Vertretung befugt. Die weitere Person hat selbst allerdings keine Prokura, sie ist aber aufgrund anderer Regelungen zur Vertretung des Kaufmanns berechtigt (vor allem aufgrund einer Gesellschafterstellung, siehe zum Beispiel die Vertretungsmacht eines OHG-Gesellschafters, § 125 HGB).

✓ **Filialprokura:** Die Prokura ist auf den Betrieb einer von mehreren Niederlassungen beschränkt (siehe § 50 Abs. 3 HGB).

Erteilen und Erlöschen der Prokura

Falls Sie sich fragen: Und wie wird eine Prokura eigentlich wirksam erteilt und wie erlischt sie gegebenenfalls wieder? Das können Sie zum Glück dem HGB selbst entnehmen (jedenfalls weitgehend).

- **Erteilen der Prokura:** Nach § 48 Abs. 1 HGB muss der Kaufmann als Inhaber des Handelsgeschäfts beziehungsweise der *gesetzliche* (!) Vertreter eine entsprechende Erklärung abgeben, und zwar
    - **persönlich** (sie können sich also ihrerseits nicht selbst vertreten lassen) und
    - **ausdrücklich** (es muss also unzweifelhaft zum Ausdruck kommen, dass jemand Prokura erhalten soll).
- **Erlöschen der Prokura:** Sie erlischt insbesondere durch
    - **Widerruf des Inhabers** (§ 52 Abs. 1 HGB).
    - **Verlust der Kaufmannseigenschaft des Inhabers** (gesetzlich zwar nicht explizit geregelt, aber schließlich können nur Kaufleute Prokuristen ernennen).
    - **Beendigung des Grundverhältnisses** gemäß § 168 Satz 1 BGB (zum Beispiel das Ende des Arbeitsvertrags).
    - **Tod des Prokuristen.** Gesetzlich zwar nicht explizit geregelt und eigentlich klar, aber trotzdem erwähnenswert, weil der umgekehrte Fall (Tod des Kaufmanns) nicht zum Erlöschen führt (§ 52 Abs. 3 HGB). Prokurist zu sein ist also nicht vererbbar.

Mit Erlöschen der Prokura entfällt die Vertretungsbefugnis des ehemaligen Prokuristen. Er kann also keine Willenserklärungen mehr abgeben, die für und gegen den Kaufmann wirken (§ 164 ff. BGB). Wenn er dennoch aktiv wird, handelt er als Vertreter ohne Vertretungsmacht (§ 177 BGB) und haftet gegebenenfalls sogar selbst im *Außenverhältnis* nach § 179 BGB.

Umfang und Beschränkung der Prokura

Was macht die Prokura nun eigentlich so besonders? Es ist vor allem ihr Umfang. Dazu sollten Sie sich die §§ 49, 50 HGB ansehen. Nach § 49 HGB ermächtigt die Prokura zu allen Arten von gerichtlichen und außergerichtlichen Geschäften und Rechtshandlungen, die der Betrieb eines Handelsgewerbes mit sich bringt. Das ist sehr weitgehend. Ein Prokurist hat damit nahezu Narrenfreiheit.

Ein Prokurist kann selbst branchenfremde Geschäfte abschließen. Schon der Gesetzeswortlaut des § 49 HGB (»eines Handelsgewerbes«) zeigt, dass eine Prokura keineswegs auf eine bestimmte Branche beschränkt ist. Maßgeblich ist lediglich, ob überhaupt ein Bezug zu *irgendeiner* Art von Handelsgewerbe besteht.

Ein Kaufmann kann sich – anders als bei einer Vollmacht nach dem BGB – nicht einmal damit helfen, die Prokura zu beschränken. Selbst wenn er das im *Innenverhältnis* tut, ist das im *Außenverhältnis* gegenüber Dritten (also beispielsweise Geschäftspartnern, Kunden, Behörden etc.) irrelevant (lesen Sie dazu § 50 HGB) – sieht man einmal von den Besonderheiten der Gesamtprokura (§ 48 Abs. 2 HGB) oder Filialprokura (§ 50 Abs. 3 HGB) ab.

Sie sollten bei einer Fallbearbeitung hellhörig werden, falls ein Prokurist die ihm intern gesetzten Grenzen überschreiten sollte. Denn die rechtlichen Wirkungen treffen den vertretenen Kaufmann trotzdem. Der Prokurist selbst macht sich dem Kaufmann gegenüber im *Innenverhältnis* aber gegebenenfalls schadensersatzpflichtig (§ 280 BGB).

Aber Sie wissen ja: In der Juristerei gibt es keine Regel ohne Ausnahme! Ausnahmsweise kann ein von einem Prokuristen geschlossenes Rechtsgeschäft (Vertrag) im Außenverhältnis doch unwirksam sein, falls der Prokurist die ihm im Innenverhältnis gesetzten Grenzen missachtet. Das ist der Fall beim sogenannten *Missbrauch der Vertretungsmacht*. Denken Sie dabei an zwei – gesetzlich nicht geregelte – Ausnahmen:

✓ **Evidenz:** Wenn der Dritte (also etwa ein Geschäftspartner) den Missbrauch des Prokuristen erkannte oder ihn zumindest hätte erkennen müssen.

✓ **Kollusion:** Wenn der Prokurist und der Dritte zum Nachteil des Geschäftsherrn arglistig zusammenwirken.

Die Handlungsvollmacht

Denken Sie in einer Prüfung nicht nur dann an die Handlungsvollmacht, wenn die Aufgabe explizit davon spricht. Gerade in einer Fallbearbeitung kann es sein, dass Sie eine Prokura verneint haben (etwa weil nicht ausdrücklich erteilt). Möglicherweise lässt sich aber eine unwirksame Prokura in eine Handlungsvollmacht umdeuten (§ 140 BGB). Und die kann ja, wie Sie sicherlich schon wissen, viel einfacher erteilt werden.

Begriff und Formen der Handlungsvollmacht

Fündig werden Sie zur Handlungsvollmacht in § 54 Abs. 1 HGB. Danach versteht man unter dieser Form der Vertretung jede im Rahmen eines Handelsgewerbes erteilte Vollmacht, die keine Prokura ist – so einfach!

Die Handlungsvollmacht kennt ebenfalls unterschiedliche Formen:

✓ **Generalhandlungsvollmacht** gemäß § 51 Abs. 1, 1. Variante HGB: Sie berechtigt zur Vornahme aller Geschäfte und Rechtshandlungen, die der Betrieb eines »derartigen« (!) Handelsgewerbes oder die Vornahme »derartiger« (!) Geschäfte gewöhnlich mit sich bringen.

Lesen Sie aufmerksam die gesetzlichen Regelungen. Die Einschränkung (»derartig«) fehlt bei der Prokura. Daher erlaubt die Generalhandlungsvollmacht nur *branchenübliche* (und nicht wie die Prokura auch *branchenfremde*) Geschäfte.

- **Arthandlungsvollmacht** gemäß § 54 Abs. 1, 2. Variante HGB: Sie berechtigt nur zu bestimmten Arten von Rechtsgeschäften, die das betreffende Handelsgewerbe gewöhnlich mit sich bringen (etwa die Zuständigkeit für den Einkauf).
- **Spezialhandlungsvollmacht** gemäß § 54 Abs. 1, 3. Variante HGB: Sie ist auf einzelne konkrete Geschäfte beschränkt.

Weitere Beschränkungen der Handlungsvollmacht

Die Handlungsvollmacht kann noch weiter beschränkt sein. Eine gesetzliche Beschränkung ergibt sich aus § 52 Abs. 2 HGB. So kann ein Handlungsbevollmächtigter keine Grundstücke veräußern oder belasten (wie bei der Prokura). Darüber hinaus ist er nicht ohne Weiteres berechtigt, Wechselverbindlichkeiten einzugehen, Darlehen aufzunehmen, Prozesse zu führen. Soll etwas anderes gelten, muss die Befugnis dazu gemäß § 54 Abs. 2 HGB besonders erteilt werden.

Der Kaufmann selbst kann eine Handlungsvollmacht noch weiter beschränken. Muss ein Dritter das gegen sich gelten lassen? Nun, das kommt ganz darauf an. Sonstige Beschränkungen braucht ein Dritter nur gegen sich gelten zu lassen, wenn er sie kannte oder fahrlässig nicht kannte (§ 54 Abs. 3 HGB). Eine etwaige Pflicht, den Umfang einer Handlungsvollmacht zu erforschen, hat er jedenfalls nicht.

Erteilen und Erlöschen der Handlungsvollmacht

Bei der Handlungsvollmacht lässt sich wiederum fragen: Wie wird diese Form der Vertretung eigentlich wirksam erteilt und wie erlischt sie wieder?

- **Erteilen der Handlungsvollmacht**: Das ist einfacher als bei der Prokura: Ausreichend ist eine entsprechende Willenserklärung, die nicht unbedingt vom Kaufmann als Inhaber des Handelsgeschäfts beziehungsweise dem gesetzlichen Vertreter abgegeben werden und auch nicht persönlich und ausdrücklich erfolgen muss (sie kann sogar indirekt durch schlüssiges, das heißt *konkludentes* Verhalten, erteilt werden).

Beispielsweise kann der Prokurist eines Kaufmanns jemandem Handlungsvollmacht erteilen.

- **Erlöschen der Handlungsvollmacht:** Sie erlischt insbesondere durch
  - **Widerruf** (§ 168 Satz 2 und 3 BGB),
  - **Beendigung des Grundverhältnisse**s (also zum Beispiel des bestehenden Arbeitsverhältnisses),
  - **Tod des Handlungsbevollmächtigten**.

Der Ladenangestellte

Nun noch ein paar Fragen zum Ladenangestellten. Eine Regelung dazu finden Sie in § 56 HGB. Da für Dritte (also potenzielle Geschäftspartner und Kunden) nicht klar ist, was Personen dürfen, die ein Geschäftsinhaber in seinem Ladenlokal beschäftigt, macht § 56 HGB diesbezüglich Nägel mit Köpfen: So »gilt« (Fiktion!) jemand als ermächtigt, etwas zu verkaufen oder in Empfang zu nehmen, sofern das in einem derartigen Laden oder Warenlager gewöhnlicherweise vorkommt. That's it!

Aufgaben zu Kapitel 5 – Block II

Aufgabe 5.5

Handelt es sich bei der Prokura um eine rechtsgeschäftliche oder eine gesetzliche Vertretungsmacht?

Aufgabe 5.6

Angenommen, der bisherige Prokurist Paul des Kaufmanns Karsten hat sich einen neuen Job in einem anderen Unternehmen gesucht. Seine Stelle ist jetzt vakant. Karsten spricht daraufhin die Mitarbeiterin Martina an und sagt zu ihr: »Martina, von nun an können Sie mit ppa. unterzeichnen.« (Hinweis: »ppa.« ist die Kurzform für *per procura*. Insofern handelt es sich um ein gängiges Kürzel, das ein Prokurist seinem Namen beifügt, siehe § 51 HGB). Hat Karsten hier wirksam Prokura erteilt?

Aufgabe 5.7

Kann der Geschäftsführer einer GmbH einem Angestellten wirksam Prokura erteilen? Kann vielleicht sogar ein Prokurist jemandem Prokura erteilen?

Aufgabe 5.8

Ist eine Prokura wirksam, wenn sie nicht in das Handelsregister eingetragen wurde? Was gilt für das Erlöschen einer Prokura?

Aufgabe 5.9

Lässt sich eine Prokura auf jemand anderen übertragen? Versuchen Sie, eine Antwort mithilfe Ihres Gesetzestextes zu finden.

Aufgabe 5.10

Auch wenn die Prokura sehr umfassende Rechte einräumt, gibt es einige (wenige) Beschränkungen. Kennen Sie sie?

Aufgabe 5.11

Clara ist Inhaberin der »Clara Fensterbau GmbH«. Als sie einige Geschäftsschreiben durchsieht, fällt ihr auf, dass ihr Angestellter Anatol schon seit einiger Zeit mit dem Kürzel »ppa« unterschreibt. Sie fragt sich, ob sie einschreiten muss und bittet Sie, kurz darzustellen, welche rechtlichen Konsequenzen gegebenenfalls drohen.

Aufgabe 5.12

Kaufmann Konrad hat Falk und Felix Gesamtprokura erteilt. Die beiden schließen daraufhin für Konrad mit dem Geschäftspartner Paul einen Vertrag. Um das Geschäft erfolgreich abzuschließen, täuschen sie Paul arglistig. Der fragt sich nun, wem gegenüber er die Anfechtung des Vertrags erklären muss: Dem Vertragspartner Konrad? Falk und Felix? Oder nur einem der beiden?

Aufgabe 5.13

Prokurist Peter wittert ein gutes Geschäft und beabsichtigt, ein Grundstück anzukaufen. Wäre dies vom Umfang der Prokura gedeckt?

Aufgabe 5.14

Paula ist Prokuristin der DATAHELL-GmbH. Es kommt zum Streit mit der Geschäftsführerin Gina. Die widerruft daraufhin die Prokura. Paula sorgt sich, wie sich der Widerruf auf ihren Arbeitsvertrag auswirkt.

Aufgabe 5.15

Sind das Erteilen und das Erlöschen einer Handlungsvollmacht in das Handelsregister einzutragen?

Aufgabe 5.16

Was gilt, wenn der Handlungsbevollmächtigte das Erlöschen seiner Handlungsvollmacht missachtet und dennoch tätig wird?

Aufgabe 5.17

Eine Prokura lässt sich nicht übertragen. Wie sieht es diesbezüglich bei der Handlungsvollmacht aus?

Aufgabe 5.18

Welche Voraussetzungen müssen erfüllt sein, damit § 56 HGB Anwendung findet? Nehmen Sie dazu wieder Ihren Gesetzestext zur Hand!

Alles gewusst? Lösungshinweise zu Kapitel 5

Aufgabe 5.1

Vertretungsmacht meint die rechtliche Befugnis, für einen anderen rechtswirksam sogenannte *Willenserklärungen* abzugeben.

Aufgabe 5.2

Selbstverständlich! Der Kaufmann ist nicht allein an die handelsrechtlichen Vertretungsmöglichkeiten gebunden, sondern er kann ebenso die einfachen Vertretungsregeln nach dem BGB (§§ 164 ff. BGB) nutzen.

Aufgabe 5.3

Hier greifen wieder die Transparenz und Rechtssicherheit (siehe dazu auch Kapitel 1): Die Vertretung nach dem BGB kann sehr flexibel ausgestaltet werden. Im HGB bestehen dagegen klare Vorgaben. Dadurch werden vor allem mögliche Geschäftspartner in ihrem Vertrauen auf den Umfang einer Vertretungsmacht geschützt.

Aufgabe 5.4

Das HGB modifiziert die Regelungen des BGB im Hinblick auf einen ganz konkreten Punkt, nämlich die schon erwähnte *Vertretungsmacht*.

Aufgabe 5.5

Es handelt sich um eine *rechtsgeschäftliche* Vertretungsmacht. Sie hat nur eine Besonderheit: Der Umfang dieser Vertretungsmacht ist *gesetzlich* festgelegt (siehe § 49 HGB).

Aufgabe 5.6

Ja, die Erteilung der Prokura ist wirksam. Es müssen nicht zwingend die Begriffe »Prokura« oder »Prokurist« fallen. Es reicht aus, wenn sich die Erklärung zweifelsfrei (und in diesem Sinne »ausdrücklich«) aus anderen Umständen ergibt (Karsten hätte ebenso gut sagen können: »Martina, von heute an übernehmen Sie Pauls Job.«).

Aufgabe 5.7

Eine GmbH ist selbst Formkaufmann (§ 6 HGB). Hier kann der Geschäftsführer als *gesetzlicher* Vertreter (§ 35 GmbHG) Prokura erteilen. Ein Prokurist ist dagegen selbst weder Inhaber eines Handelsgeschäfts, noch ist die Prokura eine gesetzliche Vertretungsmacht. Nochmals: Es handelt sich bei der Prokura um eine *rechtsgeschäftliche* (!) Vertretungsmacht. Ein Prokurist kann also keine Prokura erteilen.

Hier wird leicht etwas durcheinandergeworfen. Also aufgepasst!

Aufgabe 5.8

Zwar ist das Erteilen der Prokura zur Eintragung in das Handelsregister anzumelden (§ 53 Abs. 1 Satz 1 HGB). Die Eintragung selbst hat aber nur rechtsbekundende (*deklaratorische*) und keine rechtsbegründende (*konstitutive*) Wirkung. Gleiches gilt für das Erlöschen der Prokura.

Eine vorgenommene (oder unterbliebene) Eintragung ist aber keinesfalls folgenlos: Denken Sie in diesem Zusammenhang bitte unbedingt an § 15 HGB und die *Publizitätswirkungen*. Gegebenenfalls können hier Sonderprobleme ins Spiel kommen, wie die Eintragungspflicht bei unterbliebener Voreintragung (siehe zu alledem Kapitel 3).

Aufgabe 5.9

Nein, hier macht Ihnen § 52 Abs. 2 HGB einen Strich durch die Rechnung.

Aufgabe 5.10

Im Wesentlichen sind es vier Einschränkungen:

✓ *Veräußerung und Belastung von Grundstücken* (§ 49 Abs. 2 HGB)

✓ *Prinzipalgeschäfte*: Darunter fallen Geschäfte, die dem Inhaber eines Handelsgeschäfts kraft Gesetzes persönlich vorbehalten sind, wie zum Beispiel die Anmeldung der Firma beim Handelsregister (§ 29 HGB), die Erteilung der Prokura (§ 48 Abs. 1 HGB) oder die Unterzeichnung des Jahresabschlusses (§ 245 HGB).

✓ *Privatgeschäfte* des Kaufmanns: Sie haben keinen Bezug zu seinem Geschäftsbetrieb. Ein Prokurist kann demnach weder ein Testament für den Kaufmann errichten (§ 2064 BGB) noch stellvertretend für ihn ein Eheversprechen abgeben (§ 13 Abs. 1 EheG).

✓ *Grundlagengeschäfte*, die der Betrieb des Handelsgewerbes nicht »mit sich bringt« (wie es ja die Regelung vorsieht), sondern die ganz grundlegender Natur sind (krass wäre etwa das komplette Einstellen des Betriebs)

Aufgabe 5.11

Clara hat keine *ausdrückliche* Prokura erteilt. Das wäre aber notwendig. Eine handelsrechtliche »Duldungsprokura« oder »Anscheinsprokura« gibt es – anders als im Bürgerlichen Recht mit dem Rechtsinstitut der »Duldungsvollmacht« beziehungsweise »Anscheinsvollmacht« – nicht. In dieser Hinsicht kann Clara also beruhigt schlafen. Ganz aus dem Schneider ist sie dennoch nicht. Wenn es keine Prokura gibt, dann ist zu überlegen, ob vielleicht eine konkludent erteilte Handlungsvollmacht vorliegt. Schließlich könnten die Grundsätze der Duldungsvollmacht greifen. Clara wäre also zu raten, das Verhalten ihres Mitarbeiters zu unterbinden.

Aufgabe 5.12

Eine Anfechtung ist unter drei Voraussetzungen erfolgreich: Erstens bedarf es eines Anfechtungsgrunds (hier: arglistige Täuschung, § 123 BGB), zweitens muss die Anfechtungsfrist (§ 124 BGB) eingehalten sein und schließlich ist die hier im Raume stehende Anfechtungserklärung (§ 143 BGB) erforderlich. Letztere ist eigentlich dem Vertragspartner gegenüber abzugeben (§ 143 Abs. 2 BGB). Die Erklärung kann auch einem Vertreter gegenüber erfolgen. Bei einer Gesamtvertretung reicht es aus, wenn die Anfechtungserklärung einem Gesamtprokuristen gegenüber erklärt wird (*Passivvertretung*). Paul könnte hier also wählen.

Gerade bei der Gesamtprokura ergeben sich die unterschiedlichsten Prüfungsmöglichkeiten, weshalb Sie hellhörig werden sollten, wenn Gesamtprokuristen ins Spiel kommen: Eine oft anzutreffende Konstellation betrifft zum Beispiel die Zurechnung von Willensmängeln oder bestimmten Kenntnissen (zum Beispiel 442 BGB). Dabei genügt es regelmäßig, wenn die entsprechenden Umstände bei einem Gesamtprokuristen gegeben sind.

Aufgabe 5.13

Ja! § 49 Abs. 2 HGB verlangt nur bei der Veräußerung oder Belastung von Grundstücken eine besondere Ermächtigung.

Aufgabe 5.14

Eine Prokura ist jederzeit frei widerruflich (schließlich birgt der Umfang der Prokura ja weitgehende Risiken für den Kaufmann). Ein Widerruf lässt das Grundverhältnis (Arbeitsverhältnis) regelmäßig unberührt. Paula braucht sich also in dieser Hinsicht nicht zu sorgen. Nur ganz ausnahmsweise lässt sich ein Widerruf als fristlose Kündigung aus wichtigem Grund auffassen. Das ist aber schon ein dickes Ding.

Aufgabe 5.15

Nein, das wäre überhaupt nicht möglich: Im Unterschied zur Prokura kann die Handlungsvollmacht nicht in das Handelsregister eingetragen werden. Sie ist *eintragungsunfähig*!

Aufgabe 5.16

Nun ja, mit dem Erlöschen entfällt die Vertretungsmacht des ehemals Handlungsbevollmächtigten, sodass hinsichtlich der Rechtsfolgen der von ihm getätigten Rechtsgeschäfte die allgemeinen Regelungen des BGB zum Handeln ohne Vertretungsmacht zu beachten sind (§§ 177 ff. BGB). Gegebenenfalls haftet der ehemals Handlungsbevollmächtigte im *Außenverhältnis* selbst (§ 179 BGB).

Aufgabe 5.17

Nach § 58 HGB kann der Handlungsbevollmächtigte seine Handlungsvollmacht zwar nicht ohne Zustimmung des Inhabers des Handelsgeschäfts auf einen anderen übertragen. Das bedeutet im Umkehrschluss aber: Stimmt der Inhaber des Handelsgeschäfts (also der Kaufmann) zu, lässt sich eine Handlungsvollmacht sehr wohl übertragen.

Aufgabe 5.18

Sie können sich an folgendem Schema orientieren:

- ✓ Der Geschäftsinhaber muss Kaufmann (§§ 1 ff. HGB) sein.
- ✓ Die Hilfsperson muss in einem »Laden« oder »offenen Warenlager« tätig werden. Maßgeblich kommt es darauf an, ob es sich um »Räume« handelt, die einem allgemeinen Publikum zugänglich sind. Raum ist dabei nicht unbedingt im Sinne eines umschlossenen Raums zu verstehen (so sind zum Beispiel Messestände ebenfalls umfasst).
- ✓ Die Hilfsperson muss »angestellt« sein. Diesbezüglich sollten Sie wissen, dass es nicht auf ein wirksames Arbeitsverhältnis ankommt. Es genügt, wenn jemand mit Wissen und Wollen des Inhabers tätig wird.

- ✓ Bei dem Geschäft muss es sich um einen »Verkauf« (nicht Ankauf!) oder eine »Empfangnahme« handeln. Unter »Verkauf« fällt nicht nur das Verpflichtungsgeschäft nach § 433 BGB, sondern ebenso die damit zusammenhängenden Verfügungsgeschäfte (also die Eigentumsübertragung nach § 929 BGB).
- ✓ Es muss sich um »gewöhnliche« Geschäfte handeln.
- ✓ Schließlich bedarf es noch der »Gutgläubigkeit des Dritten«. Er ist nicht geschützt, wenn er die fehlende Vertretungsmacht kannte oder fahrlässig nicht kannte (hier gilt § 54 Abs. 3 HGB *analog*).

Sollten die Voraussetzungen des § 56 HGB einmal nicht erfüllt sein, denken Sie gegebenenfalls wieder an die Option einer *Duldungs-* beziehungsweise *Anscheinsvollmacht*.

Teil III (3. Tag)
Heute sind Sie »busy«: Die Handelsgeschäfte

Aufgabe Kapitel 6: Allgemeine Regeln für alle Handelsgeschäfte

- ✓ Können Sie zwischen allgemeinen Regeln für Handelsgeschäfte und denen für besondere Handelsgeschäfte unterscheiden?
- ✓ Wissen Sie, was (einseitige und beidseitige) Handelsgeschäfte sind?
- ✓ Kennen Sie die Bedeutung des Schweigens im Handelsrecht?
- ✓ Sind Ihnen die wichtigsten Modifikationen des Handelsrechts gegenüber dem BGB geläufig?

Aufgabe Kapitel 7: Spezielle Regeln für besondere Handelsgeschäfte

- ✓ Fällt Ihnen ein, welche besonderen Handelsgeschäfte es gibt?
- ✓ Haben Sie eine Vorstellung davon, was beim Handelskauf zu beachten ist?
- ✓ Wissen Sie, was es mit der Kommission auf sich hat?

In diesem Teil ...

Springen Sie nun vom ersten Buch des HGB in das vierte Buch des HGB. Es steht ganz im Zeichen der Handelsgeschäfte. Unterscheiden Sie insofern zwischen den allgemeinen Regeln für Handelsgeschäfte einerseits und den besonderen Formen von Handelsgeschäften andererseits. Hier wie dort finden sich jeweils Themen, die Ihnen gerade in Prüfungen immer wieder begegnen können.

Allgemeine Regeln für alle Handelsgeschäfte

6

In diesem Kapitel …

- Wissen, was Handelsgeschäfte sind
- Schweigen im Handelsverkehr einordnen
- Ausgewählte Prüfungsbereiche beherrschen

Der heutige Tag steht ganz im Sinne der sogenannten Handelsgeschäfte, zu denen Sie Regelungen im vierten Buch des HGB finden. Die sind aus zwei Gründen sehr prüfungsrelevant: Zum einen gibt es gerade dort zahlreiche Vorschriften, welche die allgemeinen Regelungen des BGB modifizieren oder ergänzen. Zum anderen ist dieser Teil des HGB zugleich eng verknüpft mit dem ersten Buch des HGB, etwa mit dem Kaufmannsbegriff. Behandeln Sie die nachstehenden Ausführungen daher nicht zu stiefmütterlich. Bei den Handelsgeschäften lassen sich zwei Bereiche unterteilen:

- ✓ **allgemeine Regeln für alle Handelsgeschäfte** (§§ 343 bis 372) und
- ✓ **spezielle Regeln für besondere Handelsgeschäfte** (§§ 373 bis 475h).

Im Folgenden geht es zunächst einmal um die allgemeinen Regeln für Handelsgeschäfte. Die speziellen Regeln für besondere Handelsgeschäfte können Sie erst einmal beiseitelegen und sich für das nächste Kapitel aufsparen.

Kurz wiederholt: Die Basics zu den Handelsgeschäften

Wenn Sie sich bezüglich der allgemeinen Regelungen zu den Handelsgeschäften nicht mehr sicher sind, schlagen Sie im *Handels- und Gesellschaftsrecht für Dummies* in Kapitel 8 nach, bevor Sie sich den nachfolgenden Basics widmen.

Ihr Einstieg in die Handelsgeschäfte

Was ist eigentlich ein »Handelsgeschäft«? Eine Antwort darauf gibt Ihnen § 343 HGB (lesen!). Danach liegt ein Handelsgeschäft vor, wenn die folgenden Tatbestandsmerkmale erfüllt sind:

- ✓ **Geschäft:** Es muss ein *Geschäft* vorliegen. Gemeint ist hier aber nicht etwa ein Laden, sondern vielmehr ein rechtserhebliches Verhalten (etwa der Abschluss eines Vertrags als *Rechtsgeschäft* oder das Setzen einer Frist als *geschäftsähnliche Handlung*).

- ✓ **Kaufmann:** Zumindest eine Partei muss *Kaufmann* sein (genau in diesem Zusammenhang können in einer Fallbearbeitung wieder die Ausführungen der §§ 1 ff. HGB anzusprechen sein).

- **Betriebsbezogenheit:** Das Geschäft muss *betriebsbezogen* sein. Privatgeschäfte des Kaufmanns bleiben also außen vor.

Sollte ein Sachverhalt keine Angaben zur Betriebsbezogenheit enthalten (was meist der Fall ist), können Sie es sich ohnehin ganz einfach machen: § 344 HGB enthält nämlich eine Vermutung, dass im Zweifel alle Geschäfte eines Kaufmanns zum Betriebe seines Handelsgewerbes gehören. Beziehen Sie sich dann ganz einfach auf diese Norm!

Nachdem Sie nun wissen, was ein Handelsgeschäft ist, lohnt es sich noch einen Schritt weiter zu gehen. Es gibt nämlich zwei unterschiedliche Formen von Handelsgeschäften:

- **Einseitiges Handelsgeschäft:** Hier ist nur ein Beteiligter Kaufmann (und der andere Vertragspartner zum Beispiel ein Otto Normalverbraucher).
- **Beidseitiges Handelsgeschäft:** Hier sind beide Beteiligte Kaufleute.

Diese Unterscheidung ist gerade für die Rechtsanwendung wichtig: Einige Vorschriften, die Sie im Folgenden noch kennenlernen werden, lassen ein einseitiges Handelsgeschäft genügen (das ist eigentlich sogar die Regel, siehe § 345 HGB). Andere Normen sind dagegen nur anwendbar, wenn es sich um ein beidseitiges Handelsgeschäft handelt.

Die Macht der Gewohnheit: Handelsbräuche

In der Praxis sind sogenannte *Handelsbräuche* bedeutsam. In Prüfungen spielen sie aber meist keine Rolle. Sie sollten aber zumindest davon gehört haben. Handelsbräuche sind keine Gesetze, sondern *kaufmännische Verkehrssitten*. Sie beruhen auf einer gleichmäßigen, einheitlichen und freiwilligen tatsächlichen Übung der beteiligten Verkehrskreise. Rechtlich bedeutsam sind sie, weil sie verpflichtend beachtet werden müssen (§ 346 HGB) und sogar *dispositive* (also nicht zwingende) gesetzliche Regelungen verdrängen können.

Praktisch relevant werden Handelsbräuche beispielsweise, wenn es darum geht, ob überhaupt beziehungsweise mit welchem Inhalt ein Vertrag geschlossen wurde oder welche Bedeutung eine Willenserklärung hat. Insofern konkretisieren die Handelsbräuche beispielsweise die Regelungen des BGB zum Vertragsschluss und zur Auslegung von Willenserklärungen (§§ 133, 157 BGB).

Wie Handelsgeschäfte zustande kommen

Handelsgeschäfte (und dabei in erster Linie Verträge) werden eigentlich genauso behandelt wie sonstige Rechtsgeschäfte. Für den Vertragsschluss bedarf es beispielsweise zwei übereinstimmender Willenserklärungen (Antrag und Annahme, § 145 ff. BGB). Es gibt aber ein paar Besonderheiten, die auch den Vertragsschluss betreffen. So gilt nach dem BGB beispielsweise, dass das Schweigen eines Beteiligten meist keine rechtlichen Wirkungen hat. Das ist im Handelsrecht etwas anders. Hier gibt es zwei Ausnahmen von diesem Grundsatz. Damit kann ein Vertrag selbst dann zustande kommen, wenn eine Partei schweigt. Konkret geht es um das

✓ **Schweigen auf ein Angebot zur Geschäftsbesorgung** (§ 362 HGB), wobei hier noch einmal zu differenzieren ist zwischen

- **Schweigen auf ein Angebot innerhalb einer bestehenden Geschäftsbeziehung** (§ 362 Abs. 1 Satz 1 HGB) und
- **Schweigen auf die Aufforderung des Kaufmanns zur Abgabe eines Angebots** (§ 362 Abs. 1 Satz 2 HGB).

✓ **Schweigen auf ein kaufmännisches Bestätigungsschreiben** (das ist gesetzlich nicht geregelt! Die *Lehre vom kaufmännischen Bestätigungsschreiben* ist vielmehr ein von der Rechtsprechung und der Rechtslehre entwickeltes Rechtsinstitut und inzwischen gewohnheitsrechtlich anerkannt).

Das Schweigen des Kaufmanns ist ein beliebtes Prüfungsthema, nicht zuletzt weil es teils geregelt, teils nicht explizit geregelt ist. Halten Sie die unterschiedlichen Formen ganz streng auseinander!

Aufgaben zu Kapitel 6 – Block I

Aufgabe 6.1

Handelt es sich bei den folgenden Handlungen um Handelsgeschäfte im Sinne des § 343 HGB, wenn ein Kaufmann beteiligt ist? Überlegen Sie, weshalb …

	Ja	Nein
Abschluss eines Werkvertrags		
Kündigung eines Dauerschuldverhältnisses (zum Beispiel eines Mietvertrags)		
Eigentumsverletzung		
Erteilen einer Mahnung		
Entgegennahme einer Kaufpreiszahlung		
Verbindung, Vermischung, Verarbeitung von Sachen		

Aufgabe 6.2

Setzt die Anwendung der nachstehenden Vorschriften jeweils ein *einseitiges* oder ein *beidseitiges* Handelsgeschäft voraus? Lesen Sie die Vorschriften aufmerksam durch. An welchen Formulierungen machen Sie Ihr Ergebnis fest?

Ihre Anmerkungen
§ 347 HGB
§ 348 HGB
§ 349 HGB
§ 354a HGB
§ 377 HGB

Aufgabe 6.3

Das Schweigen im Handelsverkehr ist gerade unter Prüfungsgesichtspunkten bedeutsam. Können Sie erklären, was mit »Geschäftsbesorgung« im Sinne des § 362 HGB gemeint ist?

Aufgabe 6.4

Was versteht man unter dem Begriff »unverzüglich« in § 362 HGB?

Aufgabe 6.5

Sehr prüfungsrelevant ist die *Lehre vom kaufmännischen Bestätigungsschreiben*. Sie ist ja gesetzlich nicht geregelt. Manchmal reicht es aus, wenn man dieses Rechtsinstitut erklären kann. Können Sie kurz den Hintergrund erläutern?

Aufgabe 6.6

Vielleicht haben Sie sich in Ihrer Vorlesung schon eingehender mit der *Lehre vom kaufmännischen Bestätigungsschreiben* befasst. Dann sollten Sie gegebenenfalls deren Voraussetzungen nennen können. Welche sind das?

Kurz wiederholt: Weitere ausgewählte prüfungsrelevante Regelungen

Bei den allgemeinen Regelungen zu den Handelsgeschäften gibt es noch ein Sammelsurium an Einzelvorschriften, die punktuell einzelne Regelungen des BGB modifizieren oder ergänzen. Sie finden nachfolgend wie an einer Perlenschnur die wichtigsten Regelungsbereiche aufgelistet.

Wie immer im Handelsrecht müssen Sie in einer Fallbearbeitung meist zunächst die BGB-Regelungen thematisieren. Sie sind quasi zunächst auf einer »BGB-Autobahn« unterwegs. Sind jedoch Kaufleute beteiligt, sollten Sie hellhörig werden. Denn dann kann es sein, dass Sie eine »Ausfahrt« in das Handelsrecht nehmen müssen. Die handelsrechtlichen Regelungen sind dann quasi diese Ausfahrten. Das Ergebnis einer Falllösung kann dann ganz anders ausfallen, als wenn Sie weiter auf der BGB-Autobahn unterwegs wären. Also aufgepasst, wohin Sie Ihre Reise führt!

Immer schön aufgepasst: Der Sorgfaltsmaßstab

Beim Sorgfaltsmaßstab geht es darum, ob jemandem ein bestimmtes Verhalten anzukreiden ist: Verletzt zum Beispiel jemand eine Pflicht aus einem Schuldverhältnis, muss er Schadensersatz leisten (§ 280 BGB). Das Gleiche gilt, wenn jemand das Eigentum eines anderen verletzt (§ 823 BGB). Voraussetzung ist dafür jeweils, dass vorsätzlich oder fahrlässig (siehe dazu § 276 BGB) gehandelt wurde.

- ✓ **Die BGB-Regelung:** Fahrlässig handelt, wer die im Verkehr erforderliche Sorgfalt (!) außer Acht lässt (§ 276 Abs. 2 BGB). Maßgeblich ist insofern ein objektiver Verkehrsmaßstab.
- ✓ **Die HGB-Regelung:** An § 276 Abs. 2 BGB werden Kaufleute ebenfalls gemessen. Diese Regelung wird aber im Handelsrecht, insbesondere in § 347 Abs. 1 HGB noch konkretisiert. Danach gilt kein objektiver Verkehrsmaßstab, sondern die Sorgfalt eines »ordentlichen Kaufmanns«. Die ist meist strenger als die des BGB und kann von Branche zu Branche variieren. Ein Autohändler als Kaufmann muss sich möglicherweise anders behandeln lassen als eine Bank.

Strafe muss (manchmal) sein: Das Vertragsstrafeversprechen

Durch ein Vertragsstrafeversprechen verpflichtet sich jemand, eine Strafe zu zahlen, wenn er seine Pflichten nicht oder schlecht erfüllt. Im Unternehmensumfeld findet sich das ganz häufig. Geregelt ist die Vertragsstrafe in den §§ 339 ff. BGB. In diesem Zusammenhang gibt es im Handelsrecht eine Modifikation:

- ✓ **Die BGB-Regelung:** Eine unverhältnismäßig hohe Vertragsstrafe kann gerichtlich herabgesetzt werden (§ 343 HGB).
- ✓ **Die HGB-Regelung:** Eine Vertragsstrafe, die von einem Kaufmann im Betriebe seines Handelsgewerbes versprochen ist, kann nicht nach § 343 BGB herabgesetzt werden (§ 348 HGB).

Die Bürgschaft: Bürgen soll man würgen

Die Bürgschaft ist ein echter »Klassiker«. Hier sollten Sie sich auskennen. Ein Bürge erklärt sich einem Gläubiger gegenüber dazu bereit, für die Schuld eines anderen einzustehen (§§ 765 ff. BGB). Das kann sehr gefährlich werden. Das BGB schützt die Bürgen daher ein bisschen, vor allem durch Formerfordernisse und die sogenannte *Einrede der Vorausklage*. Kaufleute sind aber Profis und weniger schutzbedürftig. Daher sieht das Handelsrecht für sie Ausnahmen vor. Die erste betrifft die Regelungen zur Vorausklage:

- ✓ **Die BGB-Regelung zur Vorausklage:** Ein Bürge kann die Zahlung verweigern, solange der Gläubiger nicht versucht hat, seine Forderung beim eigentlichen Hauptschuldner einzutreiben (§ 771 BGB). Das ist die *Einrede der Vorausklage*.

- **Die HGB-Regelung zur Vorausklage:** Einem Kaufmann steht die *Einrede der Vorausklage* nicht zu (§ 349 Satz 1 HGB). Es handelt sich bei der Bürgschaft eines Kaufmanns damit immer um eine sogenannte *selbstschuldnerische* Bürgschaft (§ 773 Abs. 1 Nr. 1 BGB).

Die zweite Regelung betrifft die Form der Bürgschaft:

- **Die BGB-Regelung zur Form:** § 766 BGB verlangt die Schriftform (§ 126 BGB) der Bürgschaftserklärung.
- **Die HGB-Regelung zur Form:** Verbürgt sich ein Kaufmann, findet § 766 BGB keine Anwendung (§ 350 HGB). Ein Kaufmann kann sich demnach formlos verbürgen.

Wie Sie leicht sehen können, gilt die Formerleichterung nicht nur für die Bürgschaft, sondern ebenso für das Schuldversprechen (§ 780 BGB) und das Schuldanerkenntnis (§ 781 BGB).

Money, Money, Money: Geld regiert die Welt

»Zum Gelde drängt, am Gelde hängt doch alles« – Diese Erkenntnis (frei nach dem Dichterjuristen *Johann Wolfgang von Goethe*) lässt sich auf den Kaufmann übertragen. Hier gibt es folgende Besonderheiten gegenüber dem BGB:

- **Die BGB-Regelung zu Zinsen:** Das BGB kennt einen Zinssatz von 4 Prozent (§ 246 BGB) beziehungsweise 5 Prozent bei Verzugszinsen (§ 288 BGB); Letztere sind mit *Eintritt des Verzugs* zu leisten.
- **Die HGB-Regelung zu Zinsen:** Im Handelsrecht gilt gleich ein Zinssatz von 5 Prozent (bei einem *beidseitigen* Handelsgeschäft, § 352 HGB) und für Kaufleute als Unternehmer im Verzug sogar von 8 Prozent (§ 288 Abs. 2 HGB); Letztere fallen nicht erst mit Eintritt des Verzugs an, sondern schon *bei Fälligkeit der Leistung* (§ 353 HGB) – also früher.

Die Vergütung von Leistungen:

- **Die BGB-Regelung zur Vergütung:** Nach dem BGB ist eine Vergütung für eine Leistung regelmäßig explizit zu vereinbaren (Ausnahmen: §§ 612 Abs. 1, 632 Abs. 1, 653, 689 BGB).
- **Die HGB-Regelung zur Vergütung:** Im HGB gilt der *Grundsatz der Entgeltlichkeit* selbst ohne explizite Vereinbarung bei Geschäftsbesorgungen und Dienstleistungen (siehe § 354 Abs. 1 HGB).

Nicht verboten: Abtretung von Forderungen

Vermutlich wissen Sie, dass ein Gläubiger eine ihm zustehende Forderung gegen einen Schuldner (zum Beispiel eine Kaufpreisforderung, § 433 Abs. 2 BGB) auf einen Dritten übertragen kann. Man nennt das *Abtretung* (§§ 398 ff. BGB). Das bietet sich zum Beispiel an, um einen Kredit abzusichern (Sicherungsabtretung) oder ganz einfach um die Forderung zu Geld zu machen, sprich: sie zu verkaufen. Hinsichtlich der Abtretung gibt es folgende Unterschiede zwischen dem BGB und dem HGB:

- ✓ **Die BGB-Regelung:** Wenn Schuldner und Gläubiger ein Abtretungsverbot vereinbaren, kann die Forderung nicht abgetreten werden (§ 399 1. Alt. BGB).
- ✓ **Die HGB-Regelung:** Unter den in § 354a HGB genannten Voraussetzungen (insbesondere bei einem *beidseitigen* Handelsgeschäft) ist eine Abtretung trotz eines vereinbarten Ausschlusses wirksam. Das verschafft Kaufleuten mehr wirtschaftliche Handlungsfreiheit.

Was unterm Strich bleibt: Das Kontokorrent

Ist Ihnen schon einmal der Begriff *Kontokorrent* begegnet? Falls nicht: § 355 HGB bietet eine sogenannte *Legaldefinition*.

Eine *Legaldefinition* ist daran zu erkennen, dass der definierte Begriff in Klammern steht.

Worum geht es beim Kontokorrent? Um nicht mehr oder weniger als darum, den Verwaltungsaufwand für Zahlungen und Abrechnungen zu minimieren: Anstatt unterschiedliche Geschäfte zwischen zwei Geschäftspartnern einzeln abzuwickeln, werden etwaige Forderungen zunächst verbucht und dann am Ende einer Rechnungsperiode (mindestens einmal jährlich) miteinander verrechnet. Die einzelnen Buchungen verlieren dadurch ihre Selbstständigkeit. Was dann unterm Strich steht – also der Übertrag für die eine oder andere Seite –, ist bei entsprechendem (formlosem und stillschweigendem) Anerkenntnis (§ 781 BGB) allein maßgeblich (sogenannte *Novation*). Es ist nur noch ein Rechnungsposten.

Sie kennen dieses Rechtsinstitut sicher selbst vom Quartalsabschluss Ihrer Bank. Ach ja: Hier modifiziert das HGB das BGB einmal nicht – das Kontokorrent gibt es nur im Handelsrecht.

Rausrücken oder nicht? Das kaufmännische Zurückbehaltungsrecht

Das Zurückbehaltungsrecht berechtigt dazu, eine Leistung zu verweigern: Man kann die eigene Leistung so lange zurückhalten, wie der andere seine Leistung nicht erbringt (es sei denn, man ist ausnahmsweise zur Vorleistung verpflichtet).

- ✓ **Die BGB-Regelung:** Nach § 273 Abs. 1 BGB besteht ein Zurückbehaltungsrecht nur bei Leistungen, die aus demselben rechtlichen Verhältnis stammen. Man spricht dabei von *Konnexität*.
- ✓ **Die HGB-Regelung:** Nach § 369 Abs. 1 HGB ist die *Konnexität* bei Geschäften unter Kaufleuten entbehrlich.

Eine Besonderheit bietet noch § 371 HGB: Kraft des Zurückbehaltungsrechts ist ein Gläubiger sogar befugt, die zurückbehaltenen Gegenstände (bewegliche Sachen oder Wertpapiere) zu Geld zu machen – sprich: zu verwerten. Das kann er allerdings nicht einfach so tun, sondern er braucht dafür einen *vollstreckbaren Titel* (zum Beispiel ein Urteil).

Leistung zählt: Zur richtigen Zeit das Richtige tun

Gerade ging es ja um das Zurückbehaltungsrecht bei einer Leistung. Für die Leistung selbst gibt es noch zwei weitere Regelungen.

Sie betreffen einmal die Leistungszeit:

✓ **Die BGB-Regelung zur Leistungszeit:** Nach § 271 BGB muss eine Leistung im Zweifel sofort erbracht werden.

✓ **Die HGB-Regelung zur Leistungszeit:** Nach § 358 Abs. 1 HGB ist die Leistung während der Geschäftszeit zu erbringen.

Zum anderen geht es um den Leistungsinhalt:

✓ **Die BGB-Regelung zum Leistungsinhalt:** Bei Gattungsschulden (etwa 5 Kilo Äpfel) orientiert sich der Qualitätsmaßstab daran, dass *Sachen* von mittlerer Art und Güte zu leisten sind (§ 243 Abs. 1 BGB).

✓ **Die HGB-Regelung zum Leistungsinhalt:** Im Handelsrecht gelten andere Qualitätsmaßstäbe. Ansatzpunkt ist insoweit das *Handelsgut* mittlerer Art und Güte. Abhängig davon, worum es geht, kann das bedeuten, qualitativ mehr oder weniger als den Durchschnitt bieten zu müssen.

Meins oder deins? Gutgläubiger Erwerb vom Nichtberechtigten

Der gutgläubige Erwerb ist wieder ein sehr beliebtes Prüfungsthema, und zwar deshalb, weil man leicht sehen kann, ob Studierende sich auch im dritten Buch des BGB zum Sachenrecht auskennen. Dort geht es ja unter anderem darum, wie man Eigentümer an einer Sache wird. Nach dem BGB bedarf es dazu eigentlich der Übergabe der Sache, der Einigung zwischen dem bisherigen und dem neuen Eigentümer, dass das Eigentum übergehen soll, sowie der Berechtigung zur Eigentumsübertragung (§ 929 Abs. 1 BGB). So weit die Grundidee. Man kann aber sogar Eigentum erwerben, wenn der Verfügende selbst gar nicht Eigentümer, sondern ein sogenannter *Nichtberechtigter* ist.

✓ **Die BGB-Regelung:** Nach § 932 Abs. 1 BGB wird jemand neuer Eigentümer, wenn er *gutgläubig* annimmt, der Verfügende sei Eigentümer. An der Gutgläubigkeit des Erwerbers fehlt es, wenn ihm bekannt oder infolge grober Fahrlässigkeit unbekannt ist, dass die Sache nicht dem Veräußerer gehört (§ 932 Abs. 2 BGB). Der gute Glaube bezieht sich hier also – wichtig! – auf die *Eigentümerstellung*.

✓ **Die HGB-Regelung:** Nach § 366 Abs. 1 BGB finden »die Vorschriften des Bürgerlichen Gesetzbuches zugunsten derjenigen, welche Rechte von einem Nichtberechtigten herleiten« (das sind die §§ 932 ff. BGB!), auch dann Anwendung, wenn – und jetzt kommt's – der Erwerber *gutgläubig* annimmt, der Verfügende dürfe eine Sache übereignen. Der gute Glaube bezieht sich hier also auf die *Verfügungsbefugnis*. Kaufleute haben oft mit Dingen zu tun, die ihnen zwar nicht gehören, über die sie jedoch verfügen dürfen.

Machen Sie sich einfach die beiden unterschiedlichen Anknüpfungspunkte der Gutgläubigkeit klar: Nach dem BGB ist es die *Eigentümerstellung*, nach dem HGB die *Verfügungsbefugnis*. Wenn Sie das auseinanderhalten, kann eigentlich nichts schiefgehen.

Apropos: Was bedeutet Verfügungsbefugnis? Sehen Sie sich § 185 BGB an. Danach kann jemandem die Befugnis erteilt werden, über einen Gegenstand zu »verfügen« (das heißt insbesondere Eigentum zu übertragen). Eine solche Verfügung ist bei einer *Einwilligung* des Berechtigten (§ 183 Satz 1 BGB) wirksam.

Prüfen Sie in einer Fallbearbeitung § 366 HGB als »Ausfahrt« in das Handelsrecht an der richtigen Stelle, also nicht losgelöst, sondern im jeweiligen Kontext. Ausgangspunkt ist beispielsweise ein Herausgabeanspruch des Eigentümers nach § 985 BGB. Tatbestandsvoraussetzung wäre dann die Eigentümerstellung des Anspruchstellers. Dabei kann dann zum Beispiel ein zwischenzeitlicher Eigentumsverlust nach § 929 ff. BGB zu thematisieren sein. Scheitert der an einer fehlenden Berechtigung des Verfügenden, sind gegebenenfalls die §§ 932 ff. BGB anzusprechen. Kommt man damit jedoch nicht weiter (etwa weil der Erwerber weiß, dass der Verfügende nicht Eigentümer ist und es daher an der Gutgläubigkeit scheitert), ist schließlich mit § 366 HGB die »Ausfahrt« ins Handelsrecht zu nehmen, wenn ein Kaufmann beteiligt ist: Vielleicht ist der Erwerber ja wenigstens hinsichtlich der Verfügungsbefugnis in gutem Glauben? So sähe in etwa eine Prüfung aus …

Aufgaben zu Kapitel 6 – Block II

Aufgabe 6.7

Oscar ist Gesellschafter der ABC-OHG. In einem Telefonat mit der örtlichen Bank verbürgt er sich für ein Darlehen (§ 488 BGB) in Höhe von 60.000 Euro, das ein Geschäftspartner der OHG bei der Bank aufgenommen hat. Als der Geschäftspartner die Darlehenssumme nicht zurückerstattet, wendet sich die Bank an Oscar. Der macht geltend, die Bank möge doch erst einmal die Zwangsvollstreckung beim Geschäftspartner versuchen und überhaupt habe er sich ja nur telefonisch verbürgt und das reiche nicht aus. Kann die Bank von Oscar die 60.000 Euro verlangen?

Aufgabe 6.8

Kaufmann Xaver bezieht von der Tec-GmbH Kletterseile und Sicherungsartikel für sein Geschäft, in dem er Bergsteigerutensilien veräußert. Beide vereinbaren im Hinblick auf eine möglichst einfache Vertragsabwicklung ein Abtretungsverbot. Als die Tec-GmbH eine Finanzspritze braucht, möchte sie eine Kaufpreisforderung gegen Xaver gern zur Sicherheit abtreten. Wäre das möglich?

Aufgabe 6.9

Die HEX-GmbH und die EN-KG sind Geschäftspartner mit wechselseitigen Forderungen. Die beiden haben eine Kontokorrentabrede mit einer halbjährlichen Verrechnung vereinbart. Ein Gläubiger der EN-KG will eine ins Kontokorrent eingestellte Forderung in Höhe von 10.000 Euro gegenüber der HEX-GmbH pfänden. Wäre das möglich?

Aufgabe 6.10

Die Alpha-GmbH und »Bert Bertoldi e.K.« stehen in Geschäftsbeziehung zueinander. Die GmbH schuldet Bert noch eine Forderung in Höhe von 10.000 Euro, Bert umgekehrt der GmbH die Rückgabe eines geborgten Transporters. Die GmbH verlangt nun den Transporter heraus. Was könnte Bert nach dem HGB dagegen einwenden?

Aufgabe 6.11

Unter welchen Voraussetzungen greift § 366 HGB?

Aufgabe 6.12

Klaus Clever, ein im Handelsregister eingetragener Kaufmann, betreibt einen kleinen Antiquitätenhandel. Daneben hat er sich auf die Restaurierung von Möbeln spezialisiert. Als die wohlhabende Gitta Glanz sein Geschäft betritt, fällt ihr Blick zufälligerweise auf einen Schrank, den Felix Glücklos zum Aufpolieren gebracht hat. Klaus wittert eine gute Gelegenheit und spiegelt Gitta vor, er habe den Schrank in Kommission genommen, um ihn im Auftrag von Felix zu verkaufen. Gitta greift zu. Kann Felix von ihr den Schrank zurückverlangen?

Alles gewusst? Lösungshinweise zu Kapitel 6

Aufgabe 6.1

Zu den Handelsgeschäften zählen *Rechtsgeschäfte* (insbesondere *Verträge*) und sogenannte *geschäftsähnliche Handlungen*.

	Ja	Nein
Abschluss eines Werkvertrags	X (Rechtsgeschäft: § 631 BGB)	
Kündigung eines Dauerschuldverhältnisses (zum Beispiel eines Mietvertrags)	X (Rechtsgeschäft: zum Beispiel § 568 BGB)	
Eigentumsverletzung		X (unerlaubte Handlung: § 823 BGB)
Erteilen einer Mahnung	X (geschäftsähnliche Handlung: § 286 BGB)	

	Ja	Nein
Entgegennahme einer Kaufpreiszahlung	X (geschäftsähnliche Handlung)	
Verbindung, Vermischung, Verarbeitung von Sachen	X (Dies sind sogenannte *Realakte*, ab § 946 BGB; ob Realakte Handelsgeschäfte sind, ist aber durchaus umstritten)	

Aufgabe 6.2

§ 347 HGB	Einseitiges Handelsgeschäft (»auf einer Seite«)
§ 348 HGB	Einseitiges Handelsgeschäft (»von einem Kaufmann … versprochen«)
§ 349 HGB	Einseitiges Handelsgeschäft (»für ihn«)
§ 354a HGB	Beidseitiges Handelsgeschäft (»für beide Teile ein Handelsgeschäft)
§ 377 HGB	Beidseitiges Handelsgeschäft (»für beide Teile ein Handelsgeschäft«)

Sie sehen: Man braucht einfach nur aufmerksam zu lesen …

Aufgabe 6.3

Eine *Geschäftsbesorgung* ist jedes rechtsgeschäftliche oder tatsächliche Handeln für einen anderen. Denken Sie etwa an Geschäfte eines Maklers oder Bankgeschäfte, die ein Kreditinstitut für seine Kunden erbringt. Auch einige im HGB selbst geregelte besondere Handelsgeschäfte (Fracht-, Speditions-, Lagergeschäfte) sind Geschäftsbesorgungen. Auf andere Geschäfte (zum Beispiel Kaufgeschäfte) ist § 362 HGB aber nicht anwendbar!

Aufgabe 6.4

Der Begriff *unverzüglich* bedeutet »ohne schuldhaftes Zögern« (siehe § 121 BGB).

Aufgabe 6.5

Gerade innerhalb bestehender Geschäftsverbindungen stimmen sich Geschäftspartner nicht selten mündlich (insbesondere telefonisch) über bestimmte Geschäfte und Vertragsmodalitäten ab. Anschließend »bestätigt« der eine dem anderen zu Dokumentations- und Beweiszwecken noch einmal schriftlich das jeweilige Verständnis vom Inhalt der Absprache. Was aber, wenn sich Missverständnisse einschleichen und zum Beispiel der Inhalt des Bestätigungsschreibens von dem der vorherigen mündlichen Absprache abweicht? Dann sorgt die *Lehre vom kaufmännischen Bestätigungsschreiben* einmal mehr für Rechtssicherheit, indem letztlich der Inhalt des Bestätigungsschreibens als maßgebend angesehen wird – jedenfalls dann, wenn der Empfänger des Schreibens nicht unverzüglich widerspricht.

Beim kaufmännischen Bestätigungsschreiben geht es also darum, den Inhalt einer (fern-)mündlichen Vereinbarung klarzustellen. Das sorgt für Rechtssicherheit, indem Missverständnisse im Hinblick auf die Details des Geschäfts (zum Beispiel Absprachen zu Mengen, Preisen, Zahlungsmodalitäten etc.) vermieden werden.

Verwechseln Sie das kaufmännische Bestätigungsschreiben nicht mit einer *Auftragsbestätigung*. Das ist bloß eine Mitteilung zu einem unstrittigen Auftrag.

Aufgabe 6.6

Gerade bei Rechtsinstituten, die gesetzlich nicht geregelt sind, lohnt es sich, die Voraussetzungen zu kennen. Das sind bei einem kaufmännischen Bestätigungsschreiben folgende Punkte:

- ✓ *Anwendungsbereich eröffnet*. Beide Beteiligte (Absender und Empfänger) müssen regelmäßig Kaufleute sein oder ähnlich wie sie unternehmerisch am Wirtschaftsleben teilnehmen.
- ✓ *Vertragsverhandlungen* über einzelne Modalitäten (vor allem mündlich oder telefonisch – jedenfalls keine schriftliche Vereinbarung!). Absender des Bestätigungsschreibens muss davon ausgehen, ein Vertrag sei geschlossen.
- ✓ *zusammenfassende schriftliche Bestätigung* durch wenigstens eine Partei
- ✓ *unmittelbare Absendung und Zugang* des Bestätigungsschreibens
- ✓ *Redlichkeit des Absenders*, der dem Vertragspartner also nicht etwas »unterjubeln« darf
- ✓ *Schweigen des Empfängers* und kein unverzüglicher (§ 121 BGB) Widerspruch. Wenige Tage Bedenkzeit sind unschädlich.

Sind die Voraussetzungen gegeben, kommt der Vertrag zustande (*Rechtsfolge*), und zwar mit dem Inhalt des kaufmännischen Bestätigungsschreibens. Der Empfänger sollte also ein eintrudelndes Schreiben nicht links liegen lassen.

Wenn Sie es genauer wissen wollen

Gerade beim kaufmännischen Bestätigungsschreiben gibt es immer wieder Einzelfragen zu diskutieren: etwa inwieweit in einem kaufmännischen Bestätigungsschreiben auf sogenannte *Allgemeine Geschäftsbedingungen* (AGB; siehe §§ 305 ff. BGB) Bezug genommen werden kann. Das steht nicht im Widerspruch zur Redlichkeit, solange die AGB branchenüblich sind. Oder was gilt, wenn beide Parteien der jeweils anderen Seite ein solches Schreiben zusenden (sogenannte *sich kreuzende Bestätigungsschreiben*)? Hier ist es für beide Parteien leicht erkennbar, ob die Schreiben gegebenenfalls Abweichendes enthalten. Betrifft das wesentliche Vertragsinhalte, sind die Absender nicht schutzbedürftig und die Regeln des kaufmännischen Bestätigungsschreibens bleiben außen vor. Oder drittens, ob jemand sein Schweigen wegen Irrtums anfechten kann (§§ 119 ff., 142 f. BGB). Hier ist vieles umstritten. Wenn Sie ein Gespür für solche Probleme entwickeln, ist das meist schon die halbe Miete.

Aufgabe 6.7

Ein Anspruch könnte sich aus § 765 BGB ergeben. Dann müsste ein wirksamer Bürgschaftsvertrag vorliegen. Eigentlich ist das Bürgschaftsversprechen schriftlich zu erteilen (§ 766 BGB). Fraglich ist jedoch, ob sich hier nicht etwas anderes aus dem Handelsrecht ergibt und das Bürgschaftsversprechen formfrei möglich war (Ausfahrt!). Das ist nach § 350 HGB nur der Fall, wenn das Bürgschaftsversprechen für Oscar ein Handelsgeschäft, also das Geschäft eines Kaufmanns war (§ 343 HGB). Nicht nur die OHG ist Kaufmann (§ 6 HGB), sondern auch ein OHG-Gesellschafter gilt als Kaufmann. Demnach konnte sich Oscar formlos telefonisch verbürgen. Darüber hinaus steht ihm die *Einrede der Vorausklage* nicht zu (§ 349 HGB). Die Bank kann daher zu Recht 60.000 Euro verlangen.

Aufgabe 6.8

Nach § 399 2. Alt BGB schließt ein Abtretungsverbot die Übertragung einer Forderung eigentlich aus. Abweichend davon wäre eine Abtretung nach § 354a HGB nur möglich bei

- ✓ einer *Geldforderung* (das ist hier mit der Kaufpreisforderung der Fall).
- ✓ einem *beidseitigen Handelsgeschäft* (§ 343 HGB: Xaver ist Kannkaufmann gemäß § 2 HGB und die Tec-GmbH ist Formkaufmann gemäß § 6 HGB).
- ✓ *Abtretungsausschluss* (der wurde hier vertraglich vereinbart).

Somit sind alle Voraussetzungen erfüllt und die Tec-GmbH kann die Forderung trotz des Verbots abtreten.

Ein Abtretungsverbot kann übrigens in *Allgemeinen Geschäftsbedingungen* (AGB, §§ 305 ff. BGB) vereinbart werden.

Aufgabe 6.9

Nein, das wäre nicht mehr möglich. Die ins Kontokorrent eingestellten Einzelforderungen sind unpfändbar (und können auch nicht abgetreten oder verpfändet werden). Möglich wäre es allenfalls, gegenwärtige oder künftige Salden als eigenständige Rechnungsposten zu pfänden.

Aufgabe 6.10

Bert könnte zweierlei einwenden: Er könnte zum einen von seinem Zurückbehaltungsrecht Gebrauch machen (§ 369 Abs. 1 HGB); zum anderen könnte er sich – wenn die GmbH ihrerseits nicht zahlt – einen vollstreckbaren Titel besorgen und den Transporter verwerten (§ 371 HGB). Das wäre aber sicher der letzte Schritt, wenn er nicht die Geschäftsbeziehung komplett aufs Spiel setzen will.

Aufgabe 6.11

Die Tatbestandsvoraussetzungen des § 366 HGB sind:

- ✓ Der *Veräußerer* müsste Kaufmann sein (§ 1 ff. HGB).
- ✓ Bei dem Verkaufsgegenstand müsste es sich um eine *bewegliche Sache* (§ 90 BGB) handeln.
- ✓ Die Veräußerung müsste *betriebsbezogen* erfolgen, also einen Bezug zum Handelsgewerbe aufweisen.
- ✓ Der Dritte (also der Erwerber) müsste hinsichtlich der *Verfügungsbefugnis* gutgläubig sein.

Aufgabe 6.12

Als Anspruchsgrundlage kommt § 985 BGB in Betracht. Gitta hat die tatsächliche Sachherrschaft und ist damit zwar »Besitzer« (§ 854 BGB), sodass eine Tatbestandsvoraussetzung erfüllt ist. Felix müsste jedoch noch »Eigentümer« sein. Das war er zwar ursprünglich. Fraglich ist jedoch, ob er sein Eigentum nicht zwischenzeitlich verloren hat. Ein Eigentumserwerb von Gitta nach § 929 Abs. 1 BGB scheitert daran, dass Klaus als Verfügender selbst nicht Eigentümer war. Ein gutgläubiger Erwerb nach § 932 Abs. 1 BGB kommt ebenfalls nicht in Betracht: Felix ist bekannt, dass Klaus nicht Eigentümer ist, sondern das Geschäft nur als Kommissionär (§§ 383 ff. HGB) tätigt. Allerdings könnte hier § 366 HGB greifen. Dessen Voraussetzungen sind erfüllt: Klaus ist (1.) eingetragener Kaufmann (§ 2 HGB). Der Schrank ist (2.) eine bewegliche Sache. Die Veräußerung hat (3.) zudem einen Bezug zum Handelsgewerbe von Klaus. Und Felix war zwar bewusst, dass Klaus selbst nicht Eigentümer des Schranks war, er war jedoch (4.) gutgläubig hinsichtlich dessen Verfügungsbefugnis als Kommissionär. Damit hat Felix sein Eigentum an dem Schrank verloren und kann ihn nicht von Gitta herausverlangen.

Spezielle Regeln für besondere Handelsgeschäfte

7

In diesem Kapitel ...

- Überblick zu den besonderen Handelsgeschäften
- Alles Wichtige zum Handelskauf
- Grundzüge des Kommissionsgeschäfts

Warum sich nicht mal etwas Besonderes gönnen? Ja, sogar das Handelsrecht hat in dieser Hinsicht etwas zu bieten. Nachdem Sie im vorherigen Kapitel ein paar wichtige Regelungen wiederholen konnten, die allgemein für *alle* Handelsgeschäfte gelten, geht es im Folgenden nun um spezielle Regelungen für *besondere* Handelsgeschäfte. Das HGB kennt

- ✓ den Handelskauf,
- ✓ das Kommissionsgeschäft,
- ✓ das Frachtgeschäft,
- ✓ das Speditionsgeschäft sowie
- ✓ das Lagergeschäft.

Zwar ist dieses Kapitel vergleichsweise kurz, dennoch sind die Inhalte nicht weniger wichtig. Vor allem die Vorschriften rund um den Handelskauf sind immer wieder prüfungsrelevant.

Wenn Sie sich bezüglich der allgemeinen Regelungen zu den Handelsgeschäften nicht mehr sicher sind, schlagen Sie im *Handels- und Gesellschaftsrecht für Dummies* in Kapitel 9 nach, bevor Sie sich den nachfolgenden Basics widmen.

Kurz wiederholt: Die Basics zum Handelskauf

Kaufverträge sind Ihnen sicher schon aus dem BGB bekannt (§§ 433 ff. BGB). Die dortigen Regelungen werden durch die Vorschriften des HGB für die Besonderheiten des handelsrechtlichen Rechtsverkehrs angepasst.

Gewusst wo!

Die beiden wichtigsten Fragen vorab: Wo findet man etwas zum Handelskauf und was ist das überhaupt? Wenn Sie im Inhaltsverzeichnis Ihres HGB blättern oder im Stichwortverzeichnis nachschlagen (das hilft übrigens oft!), stoßen Sie auf die §§ 373 bis 381 HGB. Sie *ergänzen* oder *modifizieren* die allgemeinen kaufrechtlichen Regelungen nach dem BGB (§§ 433 ff. BGB). Was den »Handelskauf« selbst betrifft: Der ist zwar nicht im HGB definiert, das ist aber auch nicht weiter schlimm. Im Grunde handelt es sich um einen »normalen« Kauf mit zwei Besonderheiten:

- ✓ **Vertragspartner:** Zumindest einer der Vertragspartner ist Kaufmann. Das ist so selbstverständlich, dass es gar nicht eigens genannt ist. Behalten Sie daher immer die Ausführungen aus dem zweiten Kapitel im Blick!
- ✓ **Kaufgegenstand:** Die Regeln zum Handelskauf betreffen nur Kaufverträge, die Waren oder Wertpapiere zum Gegenstand haben (§§ 373 Abs. 1, 383 Abs. 1 HGB). Sie gelten darüber hinaus für den Werklieferungsvertrag (§ 381 Abs. 2 HGB). Auf Grundstücke finden sie dagegen keine Anwendung.

Darum geht's!

So weit, so gut. Aber was ist denn jetzt so besonders beim Handelskauf? Im Grunde geht es um vier Themenfelder. Sie betreffen

- ✓ den **Annahmeverzug**,
- ✓ den **Bestimmungskauf**,
- ✓ den **Fixhandelskauf**,
- ✓ die **Sachmängelhaftung**.

Die ersten drei Aspekte sind wichtig und können in Prüfungen gelegentlich eine Rolle spielen. Eigentlich sollte es ausreichen, die Themen zu (er)kennen. Die eigentliche Musik spielt aber ohnehin meist beim vierten Punkt, nämlich bei der Sachmängelhaftung. Die *müssen* Sie kennen.

Nutzen Sie nun die Aufgaben, um sich die weiteren Eckpunkte zu erschließen.

Aufgaben zu Kapitel 7 – Block I

Bei den drei ersten Punkten reicht es meist aus, wenn Sie den Überblick haben. Können Sie dazu folgende Fragen beantworten?

Aufgabe 7.1

Welche Rechte hat ein Kaufmann beim Annahmeverzug?

Aufgabe 7.3

Inwieweit modifiziert das HGB die BGB-Regelungen zum Fixgeschäft?

Aufgabe 7.5

Wo liegt der eigentliche Clou beim Handelskauf im Hinblick auf die Sachmängelhaftung?

Aufgabe 7.7

Die »Fruital Fruchtsaft GmbH« bestellt bei der »Lekka GmbH & Co KG« insgesamt fünf Tonnen Fruchtsaftkonzentrat, die prompt geliefert werden. Aufgrund eines plötzlichen krankheitsbedingten Personalausfalls stellt man bei der GmbH erst nach zwei Wochen fest, dass das Konzentrat bereits bei der Herstellung durch Chemikalienrückstände verunreinigt wurde und daher ungenießbar ist. Obwohl man den Mangel anzeigt und eine Frist zur Neulieferung setzt, zeigt man sich bei der KG unbeeindruckt und lässt die Frist verstreichen. Kann die GmbH vom Vertrag zurücktreten?

Aufgabe 7.2

Welche Besonderheiten gelten beim Bestimmungskauf?

Aufgabe 7.4

Liegt ein Handelskauf vor, wenn ein Verbraucher bei einem Kaufmann etwas erwirbt?

Aufgabe 7.6

Unter welchen Voraussetzungen »gilt« eine mangelhafte Ware gegebenenfalls als genehmigt?

Aufgabe 7.8

Inwiefern ist bei § 377 Abs. 1 HGB auf die jeweiligen Umstände des Einzelfalls Rücksicht zu nehmen?

Kurz wiederholt: Die sonstigen besonderen Handelsgeschäfte

Neben dem Handelskauf kennt das HGB noch ein paar weitere besondere Handelsgeschäfte, nämlich

- ✓ das Kommissionsgeschäft sowie
- ✓ das Fracht-, Speditions- und Lagergeschäft.

Letztere bleiben hier jedoch ausgeklammert (sollten Sie bei Ihnen eine Rolle spielen, können Sie sich ein paar Eckpunkte mit dem *Handels- und Gesellschaftsrecht für Dummies* erschließen).

Aufgaben zu Kapitel 7 – Block II

Das Kommissionsgeschäft ist gerade in der Praxis nicht selten. Sie können sich die Eckpunkte leicht anhand der nachstehenden Aufgaben klarmachen.

Aufgabe 7.9

Was macht ein Kommissionär eigentlich?

Aufgabe 7.10

Beim Kommissionsgeschäft ist es wichtig, zwischen den Rechtsverhältnissen der Beteiligten zu unterscheiden. Kennen Sie sie?

Aufgabe 7.11

Welche Rechte und Pflichten hat der Kommissionär?

Aufgabe 7.12

Wo findet sich die Kommission in der Praxis?

Alles gewusst? Lösungshinweise zu Kapitel 7

Aufgabe 7.1

Beim Annahmeverzug nimmt der Gläubiger die vom Schuldner angebotene Leistung nicht rechtzeitig an (daher auch *Gläubigerverzug* genannt, §§ 293 ff. BGB). Hier sieht das HGB in § 373 HGB zwei Besonderheiten vor. Sie betreffen

✓ die **Hinterlegung**. So kann ein Kaufmann als Verkäufer (Schuldner!) nach § 373 Abs. 1 die Ware auf Gefahr und auf Kosten des Käufers (Gläubiger!) in einem öffentlichen Lagerhaus oder sonst in sicherer Weise (gegebenenfalls sogar bei sich) hinterlegen. Diesbezüglich erweitert das HGB die Vorschriften des BGB zur Hinterlegung, die eigentlich eine Hinterlegung bei einer öffentlichen Stelle (Amtsgericht) vorsehen (§§ 372 ff. BGB).

✓ den **Selbsthilfeverkauf**. Zudem kann der Kaufmann nach § 373 Abs. 2 HGB die Ware öffentlich versteigern lassen, wenn er das zuvor angedroht hat, beziehungsweise Waren (sowie Wertpapiere, die einen Börsen- oder Marktpreis haben) freihändig verkaufen. Hier werden die Regeln zum Selbsthilfeverkauf nach §§ 383 ff. BGB modifiziert.

Aufgabe 7.2

Hier brauchen Sie nur § 375 HGB zu lesen: Kommt der Käufer seiner Pflicht zur Bestimmung der Leistung nicht nach (und befindet er sich insoweit in Schuldnerverzug, §§ 286 ff. BGB), dann stehen dem Verkäufer (Kaufmann) nach § 375 Abs. 2 HGB besondere Rechte zu. Er kann

✓ anstelle des Käufers die Leistung selbst bestimmen (§ 375 Abs. 1, 1. Variante HGB; siehe zudem §§ 375 Abs. 2 Satz 2, Abs. 3 HGB),

✓ nach §§ 280, 281 BGB Schadensersatz statt der Leistung verlangen (§ 375 Abs. 1, 2. Variante HGB),

✓ gemäß § 323 BGB vom Vertrag zurücktreten (§ 375 Abs. 1, 3. Variante HGB).

Aufgabe 7.3

Hierzu brauchen Sie nur § 376 HGB zu lesen. Dort geht es um den Fixhandelskauf (der Kauf muss also für einen der Beteiligten ein Handelskauf sein). »Fix« bedeutet dabei übrigens nicht, dass sich jemand beeilen muss. Es geht vielmehr um das Liefern zu einem bestimmten (und in diesem Sinne »fixen«) Termin, mit dem das Geschäft »steht und fällt« (sogenanntes *relatives* Fixgeschäft). Hält der Verkäufer den Termin nicht ein, kann der Käufer

✓ vom Vertrag *zurücktreten* (und zwar ohne Fristsetzung, wie beim Rücktritt gemäß § 323 Abs. 2 Nr. 2 BGB),

✓ *Schadensersatz wegen Nichterfüllung verlangen* (Fristsetzung bedarf es ebenfalls nicht),

✓ weiterhin auch *Erfüllung verlangen*, wenn er den entsprechenden Anspruch sofort geltend macht.

Aufgabe 7.4

Die §§ 373 ff. HGB enthalten keine Hinweise, dass ein Handelskauf immer die Beteiligung von zwei Kaufleuten und damit ein *beidseitiges Handelsgeschäft* erfordert. Lediglich in Ausnahmefällen, wenn das HGB dies ausdrücklich festlegt, sind einzelne Vorschriften nur anwendbar, wenn beide Parteien Kaufleute sind. Im Übrigen genügt es für das Vorliegen eines Handelskaufs regelmäßig schon, wenn der Kauf zumindest für einen Vertragspartner ein Handelsgeschäft (§ 343 HGB) darstellt, also zumindest eine Seite Kaufmann ist. Folglich liegt ein Handelskauf selbst dann vor, wenn ein Kaufvertrag zwischen einem Verbraucher und einem Kaufmann abgeschlossen wird.

Aufgabe 7.5

Der ist nicht, wie viele meinen, die sogenannte Rügepflicht nach § 377 Abs. 1 HGB (die fast jeder kennt). Der eigentliche »Clou« liegt in § 377 Abs. 2 HGB versteckt (lesen!). Danach »gilt« (es handelt sich also um eine Fiktion!) eine Ware unter bestimmten Voraussetzungen als genehmigt, und zwar auch dann, wenn sie *mangelhaft* ist. § 377 Abs. 2 HGB schiebt also etwaigen Kaufgewährleistungsansprüchen gemäß §§ 437 ff. BGB einen Riegel vor.

Die Untersuchung und Rüge ist eigentlich keine »Pflicht«, sondern eine sogenannte »Obliegenheit«. Wenn jemand seiner Obliegenheit nicht nachkommt, dann – tja …

Aufgabe 7.6

Die Voraussetzungen (und in einer Fallbearbeitung gegebenenfalls zu prüfenden Merkmale) ergeben sich aus einem Zusammenspiel von § 377 Abs. 2 und Abs. 1 HGB. So muss nach Absatz 2 der Käufer *die Anzeige* unterlassen, womit die Anzeige nach § 377 Abs. 1 HGB gemeint ist. Sie können nach folgendem Prüfungsschema vorgehen (versuchen Sie, die Voraussetzungen Ihrem Gesetz zu entnehmen!):

- ✓ Das Rechtsgeschäft müsste einen *beidseitigen Handelskauf* darstellen.
- ✓ Der Verkäufer müsste dem Käufer die Kaufsache tatsächlich *abgeliefert* haben.
- ✓ Die Kaufsache muss *mangelhaft* sein. Dies ist anhand der §§ 434 ff. BGB zu prüfen (und meist schon vorher erfolgt).
- ✓ Der Käufer dürfte den Mangel *nicht rechtzeitig angezeigt* haben (verspätete Rüge). Bei der Rechtzeitigkeit ist zu differenzieren: Handelt es sich um einen offenen Mangel, so hat die Anzeige »unverzüglich« (also ohne schuldhaftes Zögern, § 121 BGB) nach Ablieferung zu erfolgen (§ 377 Abs. 1 HGB); handelt es sich dagegen um einen versteckten Mangel, so kommt es auf die Erkennbarkeit an (§ 377 Abs. 3 HGB).

Wenn der Sachverhalt Anlass dazu bietet, ist gegebenenfalls zu prüfen, ob der Verkäufer den Mangel *arglistig verschwiegen* hat (§ 377 Abs. 5 HGB).

Aufgabe 7.7

Ein Rücktrittsrecht der »Fruital Fruchtsaft GmbH« könnte sich aus § 437 Nr. 2 i.V.m. 323 Abs. 1 BGB ergeben. Die Voraussetzungen sind eigentlich gegeben: Es bestand (1.) ein Kaufvertrag. Das Fruchtsaftkonzentrat eignete sich zudem nicht für die gewöhnliche Verwendung und war damit (2.) mangelhaft (§ 434 Abs. 1 Satz 2 Nr. 2 BGB), wobei der Mangel schon bei der Produktion und damit vor Gefahrübergang (§ 446 BGB) bestand. Die weiteren Voraussetzungen des § 323 Abs. 1 sind ebenfalls erfüllt, insbesondere die Nachfristsetzung. Fraglich ist aber, ob die Ware nicht als genehmigt gilt (§ 377 Abs. 2 HGB). Die GmbH und die KG sind Formkaufleute (§ 6 HGB), sodass es sich (1.) um einen *beidseitigen Handelskauf* handelt. Die KG hat das Konzentrat (2.) tatsächlich *abgeliefert*. Das war – wie schon geprüft – (3.) *mangelhaft*. Fraglich ist, ob die Mängelanzeige rechtzeitig erfolgte (für ein arglistiges Verschweigen bestehen keine Anhaltspunkte). Da es sich um einen offenen Mangel handelte, muss die Anzeige »unverzüglich« (also ohne schuldhaftes Zögern, § 121 BGB) nach Ablieferung erfolgen (§ 377 Abs. 1 HGB). Gerade bei Lebensmitteln sind dazu sofort (und nicht erst nach zwei Wochen) zumindest stichprobenartige Kontrollen durchzuführen. Ein Personalengpass ist keine Entschuldigung. Die verspätete Anzeige geht also zulasten der GmbH. Die Ware gilt als genehmigt. Ein Rücktrittsrecht besteht daher nicht.

Ähnlich wie § 366 HGB (siehe Kapitel 6) darf § 377 HGB nicht losgelöst, sondern muss im relevanten Kontext geprüft werden (die »Ausfahrt« in das Handelsrecht). Ausgangspunkt sind die Mängelgewährleistungsrechte gemäß § 437 HGB. Sollten Sie dann zu dem Ergebnis kommen, dass die Voraussetzungen dafür vorliegen (1. Kaufvertrag, 2. Mangel bei Gefahrübergang), würde das Gewährleistungsrecht (zum Beispiel Nacherfüllung) eigentlich bestehen. Sind jedoch Kaufleute beteiligt, denken Sie an die »Ausfahrt« ins Handelsrecht (Formulierungsbeispiel: »Fraglich ist aber, ob die Ware nicht als genehmigt gilt …«). Dann ist auf die Voraussetzungen des § 377 HGB einzugehen.

Aufgabe 7.8

Zum *Umfang* der Untersuchung und der Frist gibt es keine starren Vorgaben. Je nachdem, um welche Ware es sich handelt, kann von Fall zu Fall eine mehr oder weniger intensivere Untersuchung notwendig werden und die Frist mehr oder minder kurz bemessen sein. Bei leicht verderblichen Waren wird man einen strengeren Maßstab ansetzen müssen als vielleicht bei Heftzwecken. Insofern ist gegebenenfalls auf die Umstände des Einzelfalls abzustellen.

Aufgabe 7.9

Sie brauchen nichts auswendig zu lernen. Sehen Sie sich einfach die Legaldefinition in § 383 Abs. 1 HGB an: Bei der Kommission kauft oder verkauft der Kommissionär gewerbsmäßig für die Rechnung eines anderen (dem sogenannten *Kommittenten*) im eigenen Namen Waren oder Wertpapiere.

Aufgabe 7.10

Zu unterscheiden sind

- der **Kommissionsvertrag**. Er besteht zwischen dem *Kommissionär* und dem *Kommittenten*. Rechtlich handelt es sich dabei um eine Geschäftsbesorgung in Form eines Dienst- oder Werkvertrags gemäß § 675 BGB.
- das **Abwicklungsgeschäft**. Auch das vollzieht sich im Verhältnis zwischen dem *Kommissionär* und dem *Kommittenten*.
- das **Ausführungsgeschäft**. Es vollzieht sich zwischen dem *Kommissionär* und dem *Dritten*.

Zwischen dem Kommittenten und dem Dritten bestehen keine direkten rechtlichen Beziehungen.

Sie sollten also die jeweiligen Rechtsverhältnisse auseinanderhalten. Je nachdem, welches Rechtsverhältnis betroffen ist, kann es dann zu weiteren Problemen kommen. Hier reicht es aus, die Vorschriften anzuwenden. Detailkenntnisse brauchen Sie regelmäßig nicht.

Aufgabe 7.11

Der Kommissionär hat insbesondere die Pflicht, das übernommene Geschäft auszuführen (§ 384 Abs. 1 HGB) und das Erlangte an den Kommittenten herauszugeben (§ 382 Abs. 2 HGB). Dafür stehen ihm auf der anderen Seite ein Provisions- und Aufwendungsersatzanspruch zu (§ 396 Abs. 1, 2 HGB).

Aufgabe 7.12

Kommissionsgeschäfte finden sich in unterschiedlichen Branchen, angefangen vom Verkauf eines Kfz durch einen Gebrauchtwagenhändler über den Kunst- und Antiquitätenhandel bis hin zum Verkauf von Eintrittskarten für Theatervorstellungen oder Konzerte, um nur einige Beispiele zu nennen. Vielleicht kennen Sie weitere?

Teil IV (4. Tag)
Von jetzt an nicht mehr allein: Die Gesellschaft bürgerlichen Rechts

---

Aufgabe Kapitel 8: Die GbR in Aktion

✓ Wissen Sie, wie man eine GbR gründet?

✓ Haben Sie eine Vorstellung davon, wem die Geschäftsführung obliegt?

✓ Ist Ihnen geläufig, wer eine GbR vertritt?

✓ Kennen Sie die Rechte und Pflichten der Gesellschafter?

Aufgabe Kapitel 9: Die Haftung bei der GbR

✓ Können Sie erläutern, inwieweit eine GbR selbst haftet?

✓ Sind Sie mit der Haftung der Gesellschafter vertraut?

In diesem Teil …

Vom Handelsrecht nun also der Sprung in das Gesellschaftsrecht. Hier begegnet Ihnen mit der Gesellschaft bürgerlichen Rechts (GbR) gleich eine in Prüfung und Praxis gleichermaßen wichtige Gesellschaftsform.

Die GbR in Aktion

8

In diesem Kapitel ...

- Bedeutung der GbR erkennen
- Kennzeichnende Eckpunkte einer GbR erfassen
- Geschäftsführung und Vertretung beherrschen

Sie haben das Handelsrecht nun also erfolgreich hinter sich gelassen. Dann können Sie jetzt mit dem Gesellschaftsrecht nahtlos weitermachen. Den Auftakt macht die Gesellschaft bürgerlichen Rechts (GbR); sie gilt nach wie vor vielfach als Grundform der *Personengesellschaften*.

Wenn Sie sich bezüglich der GbR nicht mehr sicher sind, schlagen Sie im *Handels- und Gesellschaftsrecht für Dummies* in Kapitel 10 nach, bevor Sie sich den nachfolgenden Punkten widmen.

Kurz wiederholt: Die Basics zur GbR

Die Gründung der GbR

Was ist eigentlich eine GbR? Eine Antwort darauf gibt Ihnen § 705 BGB. Dort heißt es: Durch den Gesellschaftsvertrag verpflichten sich die Gesellschafter gegenseitig, die Erreichung eines gemeinsamen Zwecks in der durch den Vertrag bestimmten Weise zu fördern, insbesondere die vereinbarten Beiträge zu leisten. An die Gründung einer GbR sind also keine allzu hohen Anforderungen zu stellen: Man braucht nur einen *Gesellschaftsvertrag*, aus dem sich insbesondere der gemeinsame *Zweck* und die *Förderpflicht* ergeben.

In einer Prüfung können gerade im Hinblick auf das Zustandekommen des Gesellschaftsvertrags manchmal »Probleme« versteckt sein (zum Beispiel die Anfechtung von Erklärungen, die Beteiligung Minderjähriger, ein fehlender Rechtsbindungswille etc.). Lesen Sie den Aufgabentext also aufmerksam durch und entwickeln Sie ein Gespür dafür, wo der Hase im Pfeffer liegt.

Achten Sie darauf, dass die Vorschriften der GbR (§§ 705 ff. BGB) nicht nur für diese Gesellschaftsform, sondern über § 105 Abs. 3 HGB für die OHG und §§ 161 Abs. 2, 105 Abs. 3 HGB für die KG ebenfalls gelten, sofern dort keine spezielleren Regelungen vorrangig zu beachten sind.

Die Rechtsfähigkeit der GbR

Kommen wir nun zu einer wichtigen Frage: Ist eine GbR rechtsfähig, also selbst Trägerin von Rechten und Pflichten? Eigentlich nicht. Jedenfalls gibt es keine gesetzliche Regelung. Nun das große »Aber«: Sofern eine GbR nach außen als solche in Erscheinung tritt (Außen-GbR), wird sie in der Rechtspraxis als (teil-)rechtsfähig angesehen. Das war lange Zeit umstritten, ist aber inzwischen höchstrichterlich anerkannt. Rechtlich stützt man sich auf eine entsprechende (das heißt *analoge*) Anwendung einer Norm, die eigentlich für die OHG gilt: § 124 HGB.

Die GbR kann damit selbst Vertragspartnerin sein, sie ist zudem parteifähig, das heißt, sie kann in einem Prozess darüber Klägerin und Beklagte sein und – wichtig! – sie haftet selbst (dazu gleich mehr).

Die GbR in der Praxis

Die GbR ist in der Praxis überaus bedeutsam. Hier nur einige Beispiele:

- ✓ private Fahrgemeinschaften und gemeinsame Urlaubstrips (sogenannte Gesellschaften des täglichen Lebens)
- ✓ Zusammenschlüsse von Freiberuflern (Ärzten in einer Gemeinschaftspraxis, Anwälten in einer Sozietät etc.) oder (nicht in das Handelsregister eingetragene) Kleingewerbetreibenden,
- ✓ »Gelegenheitsgesellschaften«, die für eine begrenzte Zeit für einzelne Rechtsgeschäfte oder projektbezogene Vorhaben gegründet werden, um beispielsweise Bauvorhaben zu realisieren oder Unternehmen an die Börse zu bringen (Bankenkonsortium)
- ✓ »Vorgründungsgesellschaften«, die eine Rolle beim Entstehen einer GmbH oder einer AG spielen (siehe dazu ausführlicher Kapitel 14)
- ✓ Unter Umständen kann das GbR-Recht auf Ehegatten oder Lebenspartner anwendbar sein (wenn ein über den typischen Rahmen einer Ehe/Lebenspartnerschaft hinausgehender Zweck verfolgt wird – zum Beispiel das gemeinsame Betreiben eines Restaurants).

Abgrenzungen

Die GbR können Sie noch etwas besser verstehen, wenn Sie sie von anderen Zusammenschlüssen abgrenzen, insbesondere von der (Bruchteils-)Gemeinschaft gemäß § 741 BGB. Letztere liegt vor, wenn sich die Gemeinschaft darin erschöpft, eine Sache anzuschaffen und zu verwalten, im Übrigen aber jeder die Sache für eigene (und gerade nicht gemeinsame) Zwecke nutzt (zum Beispiel Miteigentümer eines Grundstücks, Miteigentümer einer landwirtschaftlichen Maschine etc.). Das ist praktisch relevant: Bei einer Gemeinschaft kann der Bruchteil am Vermögen frei übertragen werden (§§ 747, 929 BGB), bei einer GbR besteht dagegen nur ein rechnerischer Anteil, über den grundsätzlich nicht gesondert verfügt werden kann (§ 719 BGB).

Aufgaben zu Kapitel 8 – Block I

Sie können sich nun schon einigen Aufgaben widmen:

Aufgabe 8.1

Welche Formerfordernisse müssen Sie bei einem Gesellschaftsvertrag einer GbR beachten? Was gilt bei einem Formmangel?

Aufgabe 8.2

Wer kann alles Gesellschafter einer GbR sein?

Aufgabe 8.3

Welche Anforderungen werden an den Gesellschaftszweck gestellt?

Aufgabe 8.4

Ist der Begriff »Beitrag« in § 705 BGB nur in finanziellem Sinne zu verstehen?

Aufgabe 8.5

Was versteht man unter einer sogenannten »Nachschusspflicht« und gibt es die bei der GbR?

Aufgabe 8.6

Zu welchem Zeitpunkt entsteht eine GbR?

Aufgabe 8.7

Handelt es sich bei einer GbR um eine Außen- oder Innengesellschaft?

Aufgabe 8.8

Gilt das HGB für die GbR?

Aufgabe 8.9

Gesellschafter einer GbR haben natürlich bestimmte Rechte. Welche kennen Sie?

Aufgabe 8.10

GbR-Gesellschafter Klaus fühlt sich nicht ausgelastet und gründet einen eigenen Betrieb, mit dem er der eigenen Gesellschaft Konkurrenz macht. Wäre das statthaft?

Aufgabe 8.11

Was zählt alles zum Gesellschaftsvermögen einer GbR und wem »gehört« es?

Aufgabe 8.12

Erläutern Sie im Hinblick auf das Gesellschaftsvermögen kurz den Begriff der »gesamthänderischen« Bindung!

Aufgabe 8.13

Kann ein Gesellschafter über …

	Ja	Nein
a) seinen Anteil am Gesellschaftsvermögen verfügen?		
b) seine Anteile an der Gesellschaft (und damit seine Gesellschafterstellung) verfügen?		
c) seinen Anteil an einzelnen zum Gesellschaftsvermögen gehörenden Gegenständen verfügen?		
d) die zu seinem Privatvermögen gehörenden Gegenstände verfügen?		

Aufgabe 8.14

Wie kann ein Gesellschafter aus einer Gesellschaft ausscheiden? Und was passiert in diesem Fall mit seinem Anteil am Gesamthandsvermögen?

Aufgabe 8.15

Welche Folgen hat es, wenn ein Gesellschafter kündigt oder stirbt?

Aufgabe 8.16

Welche drei Phasen sind bei der Beeindigung einer GbR (und auch einer anderen Gesellschaft) zu unterscheiden?

Kurz wiederholt: Geschäftsführung und Vertretung

Sie haben schon im ersten Kapitel die Unterscheidung zwischen Geschäftsführung und Vertretung kennengelernt: Erstere betrifft das Innenverhältnis der Gesellschaft, Letztere das Außenverhältnis gegenüber Dritten. Dazu ist nicht allzu viel zu ergänzen, sodass Sie sich gleich den Aufgaben zuwenden können.

Aufgaben zu Kapitel 8 – Block II

Aufgabe 8.17

Wem obliegt bei einer GbR die Geschäftsführung? Können externe Dritte die Geschäftsführung wahrnehmen?

Aufgabe 8.18

Wem steht bei der GbR die Vertretungsbefugnis zu? Was umfasst die Vertretungsbefugnis?

Aufgabe 8.19

Angenommen, Xaver und Zlotan sind Gesellschafter der »XAVZLO GbR«. Die beiden Gesellschafter haben sich darauf verständigt, dass Xaver allein die Geschäfte führen und die Gesellschaft nach außen hin vertreten soll. Als Xaver Yvonne kennenlernt, möchte er sie kurzerhand zur Mitgesellschafterin machen. Wäre das möglich?

Aufgabe 8.20

Können einem Gesellschafter die Geschäftsführungs- und Vertretungsbefugnis wieder entzogen werden?

Alles gewusst? Lösungshinweise zu Kapitel 8

Aufgabe 8.1

Die Frage hat Sie hoffentlich nicht zu sehr aufs Glatteis geführt, denn Formerfordernisse gibt es eigentlich keine! Der Gesellschaftsvertrag selbst kann in den allermeisten Fällen vielmehr formfrei geschlossen werden. Es gibt nur einige wenige Ausnahmen (etwa die notarielle Beurkundung, wenn sich ein Gesellschafter verpflichtet, ein Grundstück als Beitrag in die GbR einzubringen, § 311 b Abs. 1 BGB). Bei einem Formmangel ist gegebenenfalls an die *Lehre von der fehlerhaften Gesellschaft* zu denken (siehe dazu Kapitel 1).

Aufgabe 8.2

Gesellschafter einer GbR können natürliche Personen, juristische Personen (GmbH, AG) und darüber hinaus weitere Personenzusammenschlüsse (OHG, KG, GbR) sein.

Aufgabe 8.3

Jedenfalls keine besonders hohen: Der Zweck muss *erlaubt* sein, er kann *vorübergehender* Natur und sowohl *materieller* als auch *ideeller* Art sein (in Betracht kommen etwa wirtschaftliche, kulturelle, politische, religiöse oder wissenschaftliche Zwecke). Der Zweck ist also recht weit gefasst.

Das ist anders bei der OHG und der KG, bei denen der Gesellschaftszweck in erster Linie auf den Betrieb eines *Handelsgewerbes* gerichtet ist!

Aufgabe 8.4

Nein. Zwar umfasst der Begriff »Beitrag« auch (Bar-)Geld. Er ist aber nicht darauf beschränkt. Beiträge können zudem geldwerte Leistungen sein (zum Beispiel Forderungen, Wertpapiere oder Schutzrechte wie Patente etc.), das Überlassen von Sachen (zum Beispiel Maschinen, Pkw) oder Grundstücken, ja selbst ein Tätigwerden für die GbR in Form von Arbeitsleistungen genügt (siehe § 706 Abs. 2, 3 BGB).

Aufgabe 8.5

Unter *Nachschusspflicht* versteht man, dass Gesellschafter verpflichtet sind, ihre Beiträge zu erhöhen oder im Verlustfall eine geminderte Einlage auszugleichen. Die gibt es bei der GbR gerade nicht (§ 707 BGB), es sei denn, eine solche Pflicht ist gesellschaftsvertraglich vorgesehen. Erst wenn eine GbR beendet wird, sind etwaige Fehlbeträge auszugleichen (§ 735 BGB).

Aufgabe 8.6

Das kommt ganz drauf an: Eigentlich schon mit Abschluss des Gesellschaftsvertrags, zumal weitere Anforderungen (etwa die Eintragung der GbR in das Handelsregister) nicht bestehen. Im Gesellschaftsvertrag kann aber ein späterer Zeitpunkt bestimmt sein.

Aufgabe 8.7

Eine GbR kann sowohl als Außen- als auch als Innengesellschaft entstehen. Das kommt ganz darauf an, ob die Gesellschaft ihrem Zweck entsprechend darauf gerichtet ist, als solche nach außen in Erscheinung zu treten und selbst am Rechtsverkehr teilzunehmen (dann Außengesellschaft) oder eben nicht (dann Innengesellschaft).

Aufgabe 8.8

Eigentlich nicht! Anders als eine OHG oder eine KG ist die GbR keine Personenhandelsgesellschaft. Sie ist damit nicht (Form-)Kaufmann (§ 6 HGB), sodass die kaufmännischen Regeln des Handelsrechts nicht direkt einschlägig sind. Aber: Es gibt einige wenige Regelungen, die *analog* angewendet werden (allen voran bei der Haftung, dazu in Kapitel 9 mehr).

Aufgabe 8.9

Zu nennen sind vor allem die Mitverwaltungsrechte, insbesondere das Recht zur Geschäftsführung sowie das Stimmrecht (§ 712 BGB), dann das Kontrollrecht (§ 716 BGB) und die Vermögensrechte (§§ 721 f. BGB).

Aufgabe 8.10

Nein. Das wäre ein Verstoß gegen die einem Gesellschafter obliegende Treuepflicht und die Beachtung des Wettbewerbsverbots (folgt aus § 242 BGB; für die OHG und KG gibt es dafür sogar spezielle Regelungen: §§ 161 Abs. 2, 112 HGB).

Aufgabe 8.11

Nach § 718 fallen darunter sowohl die Beiträge als auch die durch die Geschäftsführung für die Gesellschaft erworbenen Gegenstände (Abs. 1) sowie die sogenannten *Surrogate* (Abs. 2). Das Gesellschaftsvermögen »gehört« der GbR selbst, die ja inzwischen als teilrechtsfähig angesehen wird. Die einzelnen Gesellschafter haben dabei jeweils einen rechnerischen Anteil.

Aufgabe 8.12

Darunter ist zu verstehen, dass das Gesellschaftsvermögen als Sondervermögen im Grunde unteilbar ist und allen Gesellschaftern gemeinschaftlich (insofern »zur gesamten Hand«) zusteht. Wichtig ist hierbei § 719 BGB, der genau das zum Ausdruck bringt. Durch die gesamthänderische Bindung bleibt also alles schön beisammen.

Aufgabe 8.13

Kann ein Gesellschafter über …

	Ja	Nein
a) seinen Anteil am Gesellschaftsvermögen verfügen?		§ 719 Abs. 1 1. Alt.
b) seine Gesellschaftsanteile (und damit seine Stellung als Gesellschafter) verfügen?	Das ist durch Abtretung möglich, §§ 398 ff. 413 BGB.	
c) seinen Anteil an einzelnen zum Gesellschaftsvermögen gehörenden Gegenständen verfügen?		§ 719 Abs. 1 2. Alt.
d) die zu seinem Privatvermögen gehörenden Gegenstände verfügen?	Kein Problem. Mit dem Privatvermögen kann jeder tun und lassen, was er will.	

Aufgabe 8.14

Ein Gesellschafter kann natürlich wieder aus einer Gesellschaft ausscheiden. Das geschieht entweder freiwillig (wenn der Gesellschaftervertrag so etwas vorsieht) oder zwangsweise bei Vorliegen eines wichtigen Grundes (§§ 737, 723 Abs. 1 Satz 2 BGB). In diesem Fall wächst den verbleibenden Gesellschaftern der Anteil des ausscheidenden Gesellschafters am Gesamthandsvermögen zu (eine sogenannte *Anwachsung*, § 738 Abs. 1 Satz 1 BGB). Dadurch erhöht sich deren Gesellschaftsanteil.

Dem ausscheidenden Gesellschafter (gegebenenfalls dessen Erben) steht gegebenenfalls ein Abfindungsanspruch zu (§ 738 Abs. 1 Satz 2 BGB). Dessen Höhe bestimmt sich nach dem Wert des Unternehmens.

Aufgabe 8.15

Die Kündigung oder der Tod eines Gesellschafters führen nicht bloß zum Ausscheiden des Gesellschafters, sondern regelmäßig zur Auflösung der Gesellschaft (§ 723 ff. BGB).

Oftmals wird man in der Praxis allerdings eine sogenannte Fortsetzungs- beziehungsweise (einfache oder qualifizierte) Nachfolgeklausel in den Gesellschaftsvertrag aufnehmen, damit die Gesellschaft nicht auseinanderbricht und mit den verbleibenden Gesellschaftern (und gegebenenfalls dem/den Erben) weitergeführt werden kann. § 736 BGB bietet dazu die Möglichkeit.

Aufgabe 8.16

Zunächst muss ein *Auflösungsgrund* vorliegen (§§ 723 ff. BGB), dann erfolgt die so genannte *Liquidation* als die eigentliche Abwicklung der Gesellschaft (§§ 730 ff. BGB) und am Ende steht schließlich die *Vollbeendigung*.

Aufgabe 8.17

Bei der GbR steht die Geschäftsführung grundsätzlich allen Gesellschaftern zu und zwar gemeinschaftlich (§ 709 Abs. 1 BGB). Es gibt davon aber Ausnahmen (siehe §§ 709 Abs. 2, 710, 711 BGB). Die komplette Übertragung der Geschäftsführung an Dritte unter vollständigem Ausschluss der Gesellschafter ist nicht möglich; das wäre ein Verstoß gegen das *Prinzip der Selbstorganschaft*.

Aufgabe 8.18

Ganz einfach: § 714 BGB koppelt die Vertretungsbefugnis grundsätzlich an die Geschäftsführungsbefugnis (§ 709 BGB). Wie weit die Vertretungsbefugnis reicht, ist bei der GbR anders als bei der OHG, KG sowie der GmbH oder AG nicht direkt geregelt. Sofern der Gesellschaftsvertrag dazu nicht etwas enthält, bestimmt sich der Umfang der Vertretungsmacht nach dem Gesellschaftszweck. Umfasst ist demnach alles, was der Zweckerreichung dient.

Aufgabe 8.19

Nein, so weit reicht die Vertretungsbefugnis doch nicht. Denn die Aufnahme neuer Gesellschafter berührt ja den Kern der Gesellschaft selbst (Grundlagengeschäft). Das wäre nicht mehr von der Vertretungsbefugnis umfasst.

Aufgabe 8.20

Nach dem *Prinzip der Selbstorganschaft* sind die Gesellschafter ja kraft ihrer Gesellschafterstellung originär zur Geschäftsführung und Vertretung berechtigt. Dies kann ihnen nicht so einfach abspenstig gemacht werden. Dazu muss schon ein wichtiger Grund vorliegen (§§ 712, 715 BGB), zum Beispiel eine grobe Pflichtverletzung (§ 715 BGB).

Die Haftung bei der GbR

9

In diesem Kapitel …

- Bedeutung der Haftungsregelungen erfassen
- Tatbestände der GbR-Haftung kennen
- Formen der Gesellschafterhaftung unterscheiden

Stoßen Sie nun zum eigentlichen Herzstück des Gesellschaftsrechts vor: der Haftung. Dabei geht es um die Frage: Wer hat eigentlich wofür einzustehen, wenn etwas schiefgelaufen ist?

Fragen der Haftung sind überaus (praxis- und) klausurrelevant!

Wenn Sie sich bezüglich der GbR nicht mehr sicher sind, schlagen Sie im *Handels- und Gesellschaftsrecht für Dummies* in Kapitel 10 nach, bevor Sie sich den nachfolgenden Punkten widmen.

Kurz wiederholt: Die Basics zur Haftung der Gesellschaft

Wie Sie wissen, ist die Rechtsfähigkeit der GbR inzwischen anerkannt und damit kann sie selbst haften, wenn die jeweiligen Voraussetzungen vorliegen. Die GbR haftet danach

- ✓ für eigene Verbindlichkeiten,
- ✓ für ein Fehlverhalten eines Gesellschafters.

Dazu nun wieder einige Aufgaben.

Aufgaben zu Kapitel 9 – Block I

Aufgabe 9.1

An welche Norm müssen Sie denken, wenn es um eine Haftung für eigene Verbindlichkeiten der Gesellschaft geht?

Aufgabe 9.2

Auf welche Norm stützen Sie sich, wenn es um ein deliktisches Fehlverhalten des Gesellschafters geht?

Aufgabe 9.3

Gaby ist Gesellschafterin und Alleingeschäftsführerin einer GbR, bestehend aus ihr, Gitta und Gunhilde. Gaby erwirbt bei Volkmar im Namen der GbR für 200 Euro einige Meter Weidenrollen, die als Sichtschutz auf der Büroterrasse dienen sollen. Volkmar möchte gern wissen, ob er das Geld nun von der GbR verlangen kann.

Aufgabe 9.4

Justus ist Anwalt der »Justus+Jonas Rechtsanwälte GbR«. Als eine Mandantin zu einem Besprechungstermin erscheint, verschüttet er versehentlich eine Latte macchiato Caramel über ihr neues Designerkleid, wodurch ein Schaden von 750 Euro entsteht. Muss die GbR dafür geradestehen?

Kurz wiederholt: Die Basics zur Haftung der Gesellschafter

Aber nicht nur die Gesellschaft haftet. Auch die Gesellschafter können heranzuziehen sein. Ein GbR-Gesellschafter haftet insbesondere selbst

- ✓ für Verbindlichkeiten der GbR,
- ✓ für Altverbindlichkeiten vor seinem Eintreten,
- ✓ im Rahmen einer Nachhaftung bei seinem Ausscheiden.

Jetzt sind Sie wieder gefragt.

Aufgaben zu Kapitel 9 – Block II

Aufgabe 9.5

Welche Vorschrift gilt, wenn es um die Haftung der Gesellschafter für Verbindlichkeiten der GbR geht?

Aufgabe 9.6

Auf welche Norm lässt sich eine Haftung stützen, wenn es um Altverbindlichkeiten geht, die schon vor dem Eintritt des Gesellschafters entstanden sind?

Aufgabe 9.7

Was gilt bezüglich der Haftung des ausscheidenden GbR-Gesellschafters?

Aufgabe 9.8

Haften im obigen Fall 9.3 Gitta und Gunhilde auch persönlich für die 200 Euro? Und wie steht es im Fall 9.4 um Jonas? Haftet er gegebenenfalls auch?

Haftung eines geschäftsführenden Gesellschafters

Das gesamte Thema der »Haftung« ist vergleichsweise komplex. Hier haben Sie bislang die Haftung im Außenverhältnis gegenüber Dritten kennengelernt. Nicht ganz aus den Augen verlieren sollten Sie zudem die Haftung eines geschäftsführenden Gesellschafters gegenüber der GbR im Innenverhältnis, wenn er seine Pflichten schuldhaft verletzt und der Gesellschaft dadurch ein Schaden entsteht. Anspruchsgrundlage ist dann insbesondere § 280 BGB. Das setzt unter anderem ein »Vertretenmüssen«, also ein vorsätzliches oder fahrlässiges Handeln voraus (§§ 280 Abs. 1 Satz 2, 276 BGB). Beachten Sie in diesem Kontext unbedingt die Haftungserleichterung § 708 BGB. Der Fahrlässigkeitsmaßstab ist danach die »eigenübliche Sorgfalt«. Was heißt das? Wer jemanden mit geschäftsführenden Aufgaben betraut, der in eigenen Angelegenheiten (»eigenüblich«) – na, sagen wir mal – ein Schlendrian ist, darf sich hinterher nicht wundern, wenn etwas schiefläuft. Die Haftung kann dann ausgeschlossen sein. Allenfalls bei grober Fahrlässigkeit bleibt die Haftung bestehen (§ 277 BGB). Und: Bei Schäden im Straßenverkehr gilt § 708 BGB nicht – da müssen sich alle gleich verhalten. Für eine »eigenübliche Sorgfalt« ist dort kein Platz.

Alles gewusst? Lösungshinweise zu Kapitel 9

Aufgabe 9.1

Eine Haftung der GbR lässt sich auf § 124 HGB stützen. Sie kann aber nicht direkt, sondern nur entsprechend (also *analog*) angewendet werden, weil sie sich eigentlich auf die OHG bezieht. Als Anspruchsgrundlage kommt dann der jeweilige Verpflichtungstatbestand (also zum Beispiel bei einer Mietzahlung § 535 Abs. 2 BGB) in Betracht, und zwar in Verbindung mit (i.V.m.) § 124 HGB *analog*.

Aufgabe 9.2

Einschlägig ist dann § 31 BGB. Sie können die Vorschrift aber ebenfalls nicht direkt, sondern nur entsprechend (also *analog*) anwenden, da sie eigentlich nur für Vereine und damit körperschaftlich strukturierte Gesellschaften (wie die GmbH und AG) gilt. § 31 ist dabei keine Anspruchsgrundlage, sondern eine Zurechnungsnorm.

Aufgabe 9.3

Ein solcher Anspruch könnte sich aus § 433 Abs. 2 BGB i.V.m. § 124 HGB *analog* ergeben. Dazu müsste die GbR selbst überhaupt als Vertragspartnerin in Betracht kommen, was wiederum ihre Rechtsfähigkeit voraussetzt. Die ist inzwischen allseits anerkannt. Als »Verbindlichkeit« im Sinne des § 124 HGB kommt hier der Zahlungsanspruch aus einem Kaufvertrag zwischen der GbR und Volkmar in Betracht. Dazu müsste Gaby die GbR wirksam vertreten haben, wozu es insbesondere einer entsprechenden Vertretungsmacht bedarf (§ 164 BGB). Die Vertretungsmacht ist bei der GbR an die Geschäftsführung gekoppelt (§§ 714, 709 BGB). Hier war Gaby geschäftsführungsbefugt und damit zugleich vertretungsberechtigt. An der Willenserklärung von Volkmar bestehen keine Zweifel, sodass ein Kaufvertrag zwischen der Gesellschaft und Volkmar zustande gekommen ist. Damit kann Volkmar von der GbR selbst den Kaufpreis verlangen.

Aufgabe 9.4

Wenn ein geschäftsführungs- und vertretungsberechtigter Gesellschafter als verfassungsmäßiger Vertreter einer GbR einen Schaden verursacht (hier zum Beispiel eine Eigentumsverletzung nach § 823 Abs. 1 BGB), wird dieser Schaden der Gesellschaft gegebenenfalls nach § 31 BGB *analog* zugerechnet. Die GbR hat dann dafür einzustehen, wenn der Gesellschafter »in Ausführung der ihm zustehenden Verrichtungen« und nicht als Privatperson gehandelt hat. Das Malheur passierte während einer Mandantenbesprechung, genau das gehört zu den Verrichtungen eines Anwalts, sodass eine Haftung der GbR hier gegeben ist.

Aufgabe 9.5

Hier sollte Ihnen § 128 HGB einfallen – eine Vorschrift, die ebenfalls *analog* anzuwenden ist, da sie eigentlich dem Recht der OHG entstammt. Man spricht übrigens von eine *akzessorischen* Haftung der Gesellschafter, die persönlich, primär, unmittelbar und unbeschränkt einzustehen haben.

Aufgabe 9.6

Lesen Sie einfach etwas weiter, dann stoßen Sie auf § 130 HGB, der natürlich – Sie ahnen es schon – wiederum *analog* anzuwenden ist.

Aufgabe 9.7

Hier ist an die sogenannte Nachhaftung zu denken. Insofern gilt für die bis zum Ausscheiden des GbR-Gesellschafters begründeten Verbindlichkeiten eine Nachfrist (§§ 736 Abs. 2 BGB i.V.m. § 160 HGB).

Achten Sie vor allem auf den Fristbeginn! Der liegt nämlich nicht im Ausscheiden, sondern in der Kenntnis des Gläubigers vom Ausscheiden. Gibt es mehrere Gläubiger mit jeweils unterschiedlicher Kenntnis, kann das zu verschiedenen Fristen führen!

Aufgabe 9.8

Ja! Wenn es um die Haftung von Gesellschaftern einer GbR geht, ist bekanntlich § 128 HGB *analog* anzuwenden. Daher haften Gitta und Gunhilde für die Kaufpreisverbindlichkeit ebenfalls, und zwar jeder für sich und in voller Höhe (Anspruchsgrundlage ist also § 433 Abs. 2 HGB i.V.m. § 128 HGB *analog*). Das Gleiche gilt für Jonas im Fall 9.4. Bei der GbR gilt also der Grundsatz: Mitgefangen, mitgehangen!

Teil V (5. Tag) Dem Ziel ein Stück näher: Die offene Handelsgesellschaft

Aufgabe Kapitel 10: Die OHG in Aktion

✓ Ist Ihnen klar, wie man eine OHG gründet und wann die Gesellschaft im Außenverhältnis wirksam wird?

✓ Haben Sie eine Vorstellung davon, wem die Geschäftsführung obliegt?

✓ Ist Ihnen geläufig, wer eine OHG vertritt und sagt Ihnen der Begriff der »unechten Gesamtvertretung« etwas?

✓ Kennen Sie die Rechte und Pflichten der Gesellschafter?

Aufgabe Kapitel 11: Die Haftung bei der OHG

✓ Können Sie erläutern, inwieweit eine OHG selbst haftet?

✓ Sind Sie mit der Haftung der Gesellschafter vertraut?

In diesem Teil ...

Mit der offenen Handelsgesellschaft – kurz: OHG – kommt jetzt eine neue Gesellschaftsform ins Spiel, die durchaus praxisrelevant ist und gerade in Prüfungen immer wieder auftaucht. Wenn Sie mit der GbR gut klargekommen sind, wird Ihnen die OHG nicht schwerfallen.

Die OHG in Aktion

10

In diesem Kapitel ...

- Bedeutung der OHG erkennen
- Kennzeichnende Eckpunkte einer OHG erfassen
- Geschäftsführung und Vertretung beherrschen

Kapitel 9 stellt Ihnen mit der GbR eine erste wichtige Form der *Personengesellschaft* vor. Dieses Kapitel schließt nahtlos daran an: Die offene Handelsgesellschaft (OHG) ist so etwas wie eine Sonderform der GbR.

Wenn Sie sich bezüglich der OHG nicht mehr sicher sind, schlagen Sie im *Handels- und Gesellschaftsrecht für Dummies* in Kapitel 11 nach, bevor Sie sich den nachfolgenden Punkten widmen.

Eine kleine Anmerkung vorab: Im Gesellschaftsrecht geht es – jedenfalls für Prüfungen – meist um die gleichen Fragen und Problemstellungen: Wie wird eine Gesellschaft gegründet? Wie steht es um die Geschäftsführung und Vertretung? Und vor allem: Wer haftet? Da Sie das ja vermutlich schon bei der GbR kennengelernt haben, können Sie die Grundlagen jetzt auf die OHG übertragen. Dann müssen Sie eigentlich nur noch ein paar kleine Besonderheiten beachten *et voilà* – das war es schon.

Kurz wiederholt: Die Basics zur OHG

Die Gründung der OHG

Die OHG ist – der Name offene *Handels*gesellschaft verrät das schon – im HGB geregelt, und zwar ab § 105 HGB. Wie jede Personengesellschaft ist eine OHG ein Zusammenschluss mehrerer Personen (eine Ein-Personen-OHG gibt es nicht!). Grundlage ist wiederum ein *Gesellschaftsvertrag*, der das Rechtsverhältnis der Gesellschafter untereinander, also im *Innenverhältnis*, regelt. Insofern gibt es also keinen Unterschied zur GbR. Das ist beim *Gesellschaftszweck* anders: Eine OHG hat einen bestimmten Zweck. Er ist nach § 105 HGB gerichtet auf

- ✓ **den Betrieb eines Handelsgewerbes**. Eine OHG kann einmal darauf gerichtet sein, ein *Handelsgewerbe* (§ 1 Abs. 2 HGB) zu betreiben (Abs. 1). Dann »ist« (!) die Gesellschaft automatisch eine OHG (es sei denn, die Haftung einzelner Gesellschafter wäre beschränkt, dann hätte man eine Kommanditgesellschaft (KG)). Die OHG ist damit gesellschaftsrechtlich das Pendant zum »Istkaufmann« nach § 1 HGB.

Der *Grundsatz der Rechtsformwahl* (siehe Kapitel 1) ist also eingeschränkt: Betreiben die Gesellschafter ein Handelsgewerbe, scheidet eine GbR aus. Die Gesellschaft ist dann mindestens eine OHG.

- **den Betrieb eines Kleingewerbes oder die Vermögensverwaltung.** Eine OHG kann zudem darauf gerichtet sein, ein Kleingewerbe zu betreiben oder nur eigenes Vermögen zu verwalten (Abs. 2). Sie wird in diesem Fall durch Eintragung der Firma in das Handelsregister zur OHG. Kommt Ihnen das bekannt vor? Genau: Die OHG ist hier das gesellschaftsrechtliche Pendant zum »Kannkaufmann« nach § 2 HGB.

Achten Sie wieder darauf, dass die Regelungen im HGB nicht abschließend sind. Über § 105 Abs. 3 HGB sind gegebenenfalls die Regelungen der GbR (§§ 705 ff. BGB) anzuwenden (jedenfalls so weit es in den §§ 105 ff. HGB keine speziellen Regelungen gibt). Die GbR-Regelungen gelten nachrangig (man spricht von *subsidiär*).

Achtung: Das Entstehen der OHG im Außenverhältnis

Während eine OHG im *Innenverhältnis* mit Abschluss des Gesellschaftsvertrags entsteht (es sei denn, der Gesellschaftsvertrag bestimmt einen späteren Zeitpunkt), ist das im *Außenverhältnis* etwas komplizierter.

Wenn Sie sich der Begriffe *Innen-* und *Außenverhältnis* nicht mehr sicher sind, schauen Sie einfach noch einmal in Kapitel 1 nach.

Wenn es in Prüfungen darum geht, ob eine OHG im Außenverhältnis überhaupt besteht, denken Sie an § 123 HGB. Danach erblickt sie gegenüber Dritten das Licht der Welt

- entweder durch **Eintragung in das Handelsregister** (§ 123 Abs. 1 HGB). Weil die OHG eine Handelsgesellschaft ist, spielt das Handelsregister eine Rolle (das kennen Sie ja aus Kapitel 3). Das ist eine Besonderheit, die sich bei der GbR nicht stellt. (Eine OHG ist übrigens nach § 106 HGB ohnehin zur Eintragung in das Handelsregister anzumelden.)
- oder durch **Aufnahme der Geschäftstätigkeit** (§ 123 Abs. 2 HGB). Die Gesellschaft muss mit ausdrücklicher oder jedenfalls stillschweigender Zustimmung aller Gesellschafter loslegen. Zum »Geschäftsbeginn« gehören übrigens schon Vorbereitungshandlungen wie zum Beispiel das Eröffnen eines Geschäftskontos oder das Anmieten von Büroräumen.

Gerade der unterschiedliche Zeitpunkt des Entstehens bei der OHG gegenüber der GbR ist ein charakteristisches Merkmal, auf das es bei Fallbearbeitungen immer wieder einmal ankommt und das Ihnen daher geläufig sein sollte. Und mit § 123 HGB haben Sie einen guten Anknüpfungspunkt.

Die Rechtsfähigkeit der OHG

Sicher erinnern Sie sich noch, dass die Frage der Rechtsfähigkeit bei der GbR etwas verzwickter ist. Bei der OHG ist das dagegen ganz einfach: Sie ist nach § 124 HGB rechtsfähig und kann unter ihrer Firma Rechte erwerben und Verbindlichkeiten eingehen, Eigentum und andere dingliche Rechte an Grundstücken erwerben, vor Gericht klagen und verklagt werden (Abs. 1). Sie sehen: Hier gibt's gar kein Problem.

Die OHG in der Praxis

Die OHG ist in der Praxis gerade bei kleinen und mittelständischen Unternehmen, die ein *Handelsgewerbe* betreiben, ziemlich beliebt. Das gilt vor allem, weil sie sich ohne großen Aufwand gründen lässt. Auch wenn sie nicht ganz so bedeutsam ist wie die GbR oder die KG, schmälert das nicht ihre Prüfungsrelevanz!

Aufgaben zu Kapitel 10 – Block I

Sie können sich nun schon einigen Aufgaben widmen:

Aufgabe 10.1

Vervollständigen Sie die nachstehende Übersicht (und wiederholen Sie ganz nebenbei noch etwas zur GbR).

	Bei der GbR	Bei der OHG
Welche Regelungen sind einschlägig?		
Inwiefern unterscheiden sich die GbR und die OHG bei den Gründungsvoraussetzungen?		
Bedarf der Gesellschaftsvertrag einer bestimmten Form?		
Wie steht es um die Rechtsfähigkeit?		
Verfügt die Gesellschaft über die Kaufmannseigenschaft?		
Sind die Gesellschafter Kaufleute?		
Wie steht es um die Firmenfähigkeit?		

Aufgabe 10.2

Wer kann alles Gesellschafter einer OHG sein?

Aufgabe 10.3

Paula, Ingmar und Hauke wollen sich als Architekten zusammenschließen und überlegen, dazu die Rechtsform der OHG zu wählen. Wäre das möglich?

Aufgabe 10.4

Anton, Berta und Carla sind Gesellschafter der ABC-OHG. Noch vor der Eintragung der Gesellschaft in das Handelsregister schließen Anton und Berta im Namen der OHG mit dem Vermieter Volkmar einen Mietvertrag über Büroräume ab, obwohl sie wissen, dass Carla dagegen ist. Ist die OHG damit Vertragspartnerin geworden?

Aufgabe 10.5

Xaver, Yasmin und Zadok wollen sich zu einer OHG zusammenschließen. Zadok ist aber noch minderjährig. Woran müssen sie bei der Gründung denken? Und was gilt, wenn die Voraussetzung nicht erfüllt ist?

Aufgabe 10.6

Welche Rechte hat ein OHG-Gesellschafter?

Aufgabe 10.7

Welche Pflichten hat ein OHG-Gesellschafter?

Das Vermögen der OHG

Wie bei der GbR zählen zum Gesellschaftsvermögen die von den OHG-Gesellschaftern erbrachten Beiträge sowie das, was durch Geschäftsführungsmaßnahmen erworben wurde. Das Gesellschaftsvermögen steht der OHG zu (sie ist ja teilrechtsfähig, § 124 HGB). Es handelt sich also wieder um ein Gesamthandsvermögen, das der gesamthänderischen Bindung unterliegt (siehe dazu Kapitel 8). Für die Gewinn- und Verlustverteilung finden Sie Vorgaben in den §§ 120 bis 122 HGB. Dabei kommt es unter anderem maßgeblich auf den sogenannten *Kapitalanteil* an. Das ist lediglich eine Rechengröße, in der sich die wertmäßige Beteiligung eines Gesellschafters am Gesellschaftsvermögen im Verhältnis zu den Mitgesellschaftern widerspiegelt.

Kurz wiederholt: Geschäftsführung und Vertretung

Ebenso wie bei der GbR ist es bei der OHG wichtig, zwischen der *Geschäftsführungs-* und der *Vertretungsbefugnis* zu differenzieren. Am besten machen Sie sich die relevanten Punkte wieder anhand einiger Aufgaben klar.

Aufgaben zu Kapitel 10 – Block II

Aufgabe 10.8

Wem obliegt bei einer OHG die Geschäftsführung? Was umfasst die Geschäftsführungsbefugnis?

Aufgabe 10.9

Wem steht bei der GbR die Vertretungsbefugnis zu? Was umfasst die Vertretungsbefugnis?

Aufgabe 10.10

Xaver und Zlotan sind Gesellschafter der »XAVZLO OHG«. Beide haben sich darauf verständigt, dass Xaver zusammen mit dem Prokuristen Paul die Gesellschaft nach außen hin vertreten soll und Zlotan ausgeschlossen ist. Wäre das zulässig?

Aufgabe 10.11

Können einem Gesellschafter die Geschäftsführungs- und die Vertretungsbefugnis wieder entzogen werden?

Alles gewusst? Lösungshinweise zu Kapitel 10

Aufgabe 10.1

	Bei der GbR	Bei der OHG
Welche Regelungen sind einschlägig?	§§ 705 ff. BGB	§§ 105 ff. HGB sowie *subsidiär* §§ 705 ff. BGB (über § 105 Abs. 3 HGB)
Inwiefern unterscheiden sich die GbR und die OHG bei den Gründungsvoraussetzungen?	Der maßgebliche Unterschied liegt im Zweck: Hier kommt nahezu jeder Zweck in Betracht, wenn es nicht um den Betrieb eines *Handelsgewerbes* geht.	Besteht der Zweck aber im Betrieb eines *Handelsgewerbes*, dann »ist« (!) die Gesellschaft automatisch eine OHG (oder eine KG – dazu mehr in Kapitel 12).
Bedarf der Gesellschaftsvertrag einer bestimmten Form?	Grundsatz: nein Ausnahme: zum Beispiel wenn ein Grundstück als Beitrag eingebracht wird (§ 311b Abs. 1 BGB, notarielle Beurkundung, § 128 BGB)	
Wie steht es um die Rechtsfähigkeit?	Ja (§ 124 HGB *analog*)	Ja (§ 124 HGB)
Verfügt die Gesellschaft über die Kaufmannseigenschaft?	Nein	Ja (§ 6 Abs. 1 HGB, Formkaufmann)
Sind die Gesellschafter Kaufleute?	Nein	Ob neben der OHG die Gesellschafter selbst ebenfalls Kaufleute sind, ist in der Rechtsprechung und Literatur umstritten, wird aber überwiegend bejaht.
Wie steht es um die Firmenfähigkeit?	Nein (allenfalls Geschäftsbezeichnung)	Ja, da Kaufmannseigenschaft der Gesellschaft (siehe § 19 Abs. 1 Nr. 2 HGB)

Aufgabe 10.2

Gesellschafter einer OHG können wie bei der GbR natürliche und juristische Personen (zum Beispiel eine GmbH) sein oder andere Personengesellschaften (GbR, OHG, KG).

Aufgabe 10.3

Nein, das wäre nicht möglich. Als Architekten zählen sie zu den Freiberuflern (§ 1 Abs. 2 Partnerschaftsgesellschaftsgesetz, PartGG). Die betreiben aber – wie Sie sicher noch aus dem HGB wissen – kein *Gewerbe* und damit kein *Handelsgewerbe* (möglich wäre aber ein Zusammenschluss in einer Partnerschaftsgesellschaft oder – klar – einer GbR).

Sie sehen: Auch im Gesellschaftsrecht bei der OHG (und später noch bei der KG) helfen Ihnen Ihre Kenntnisse zum Gewerbe und zum Handelsgewerbe (siehe dazu Kapitel 2)!

Aufgabe 10.4

Dann müsste es eine wirksame OHG im Außenverhältnis überhaupt geben. Das ist aber nicht der Fall. Nach § 123 HGB entsteht ja die OHG im Außenverhältnis (zu Volkmar) entweder mit der Eintragung in das Handelsregister (Abs. 1, daran fehlt es bislang) oder mit dem Zeitpunkt des Geschäftsbeginns, wenn »die Gesellschaft« ihre Geschäfte vor Eintragung aufnimmt (Abs. 2). Hier sind mit Anton und Berta aber nur zwei Gesellschafter tätig geworden, jedoch noch nicht »die Gesellschaft« (zumal Carla explizit dagegen war).

Aufgabe 10.5

Sie müssen daran denken, dass bei einem Gesellschaftsvertrag, der zum Betrieb eines Erwerbsgeschäfts eingegangen wird, die Genehmigung des Familiengerichts erforderlich ist (§ 1822 Nr. 3 BGB). Fehlt sie, spricht man davon, dass der Gesellschaftsvertrag »schwebend unwirksam« ist. Wird die Gesellschaft dennoch tätig, ist an die sogenannte *Lehre von der fehlerhaften Gesellschaft* zu denken (siehe dazu Kapitel 1). Zu beachten ist allerdings, dass die sich nicht zum Nachteil der beteiligten Minderjährigen auswirken soll.

Aufgabe 10.6

Gesetzlich vorgesehene Rechte sind insbesondere:

✓ **Mitverwaltungsrechte** (neben dem Recht zur Geschäftsführung zum Beispiel das Stimmrecht, § 119 HGB),

✓ **Kontrollrecht** (§ 118 HGB),

✓ **Vermögensrechte** (§§ 120 ff. HGB).

Das Gesellschaftsrecht ist flexibel. In der Praxis finden sich im Gesellschaftsvertrag gerade bei den Rechten manchmal abweichende Regelungen. Daher lohnt es sich, immer zuerst einen Blick dort hineinzuwerfen.

Aufgabe 10.7

Als Pflichten kommen neben der Ihnen schon geläufigen Förder- und Beitragspflicht noch in Betracht:

✓ **Treuepflicht** (ein OHG-Gesellschafter darf ebenfalls nichts tun, was der Gesellschaft schadet),

✓ **Wettbewerbsverbot** (als spezielle Form der Treuepflicht ist sie in §§ 112 f. HGB sogar eigens geregelt).

Aufgabe 10.8

Sehen Sie sich zur Geschäftsführung bei der OHG die §§ 114 bis 117 HGB an. Hier gilt vieles von dem, was Ihnen schon von der GbR bekannt sein dürfte. Wenn Sie § 114 Abs. 1 HGB mit § 709 BGB vergleichen, fällt Ihnen aber vielleicht ein bedeutsamer Unterschied auf: Zwar sind in beiden Fällen alle Gesellschafter zur Geschäftsführung berechtigt und verpflichtet (mindestens eine Person aus dem Gesellschafterkreis muss also zur Geschäftsführung befugt sein, *Prinzip der Selbstorganschaft*). Es fehlt jedoch das kleine, aber überaus wichtige Wörtchen »gemeinschaftlich«. Das bedeutet im Umkehrschluss: Bei der OHG ist jeder Gesellschafter »einzeln« zur Geschäftsführung befugt (sogenannte *Einzelgeschäftsführungsbefugnis*). Allerdings besteht ein Widerspruchsrecht der anderen geschäftsführungsbefugten Gesellschafter (§ 115 HGB). Die Geschäftsführungsbefugnis erstreckt sich auf alle Handlungen, die der »gewöhnliche Geschäftsbetrieb« der jeweiligen OHG mit sich bringt (§ 116 Abs. 1 HGB).

Die Vorschriften sind nicht zwingend, sondern *dispositiv*. Im Gesellschaftsvertrag können also abweichende Regelungen getroffen werden (wovon die Praxis wiederum häufig und ausgiebig Gebrauch macht).

Aufgabe 10.9

Sie finden Regelungen zur Vertretungsbefugnis in §§ 125 f. HGB. Während die Vertretungsbefugnis bei der GbR ja an die Geschäftsführungsbefugnis gekoppelt ist (§ 714 BGB) und insofern von einer Gesamtvertretung ausgegangen wird, ist nach § 125 Abs. 1 HGB zunächst einmal jeder Gesellschafter einzeln zur Vertretung einer OHG ermächtigt. Gesellschaftsvertraglich kann aber wieder etwas anderes vereinbart werden, angefangen vom Ausschluss einzelner Gesellschafter (§ 125 Abs. 1 HGB) bis hin zu Formen der *echten* Gesamtvertretung (§ 125 Abs. 2 HGB) und der *unechten* Gesamtvertretung (§ 125 Abs. 3 HGB). Beim Umfang der Vertretungsbefugnis sind Sie sicher auf § 126 HGB gestoßen, oder? Wichtig ist vor allem Absatz 2: Die Vertretungsmacht kann Dritten gegenüber nicht eingeschränkt werden!

Beachten Sie auch, dass die (Änderung der) Vertretung der Gesellschafter zur Eintragung in das Handelsregister angemeldet werden muss (§§ 106 Abs. 2 Nr. 4, 107 HGB). Sie wissen, was das heißt? Genau: Es handelt sich um eine *eintragungspflichtige* Tatsache (siehe Kapitel 4).

Aufgabe 10.10

Nein, eine solche *unechte Gesamtvertretung* (Gesellschafter plus Prokurist) nach § 125 Abs. 3 HGB wäre in dieser Form unzulässig. Sie ist bei Personenhandelsgesellschaften mit Blick auf das *Prinzip der Selbstorganschaft* ohnehin problematisch. Dem würde es nämlich widersprechen, wenn die Gesellschaft ohne Mitwirken eines Prokuristen überhaupt nicht mehr wirksam vertreten werden könnte. Eine *unechte* Gesamtvertretung soll daher nur zulässig sein, wenn eine Vertretung der Gesellschaft noch ohne Mitwirken eines Prokuristen möglich ist, zum Beispiel indem *daneben* Einzelvertretung oder eine echte Gesamtvertretung (Gesellschafter plus Gesellschafter) besteht.

Die unechte Gesamtvertretung findet sich in der Praxis häufiger und das nicht nur bei der OHG, sondern ebenso bei der KG oder der AG (siehe etwa § 78 Abs. 3 AktG).

Aufgabe 10.11

Ein Entzug der Geschäftsführungsbefugnis ist nach § 117 HGB durch gerichtliche Entscheidung möglich. Dazu bedarf es eines wichtigen Grundes wie zum Beispiel einer groben Pflichtverletzung. Für den Entzug der Vertretungsbefugnis enthält § 127 HGB eine separate Regelung.

Die Haftung bei der OHG

11

In diesem Kapitel ...

- Bedeutung der Haftungsregelungen erfassen
- Tatbestände der OHG-Haftung kennen
- Formen der Gesellschafterhaftung unterscheiden

Und schon sind Sie wieder bei einem zentralen Kapitel angekommen: der Haftung bei der OHG. Hier geht es – wie bei der GbR – um die Frage: Wer hat eigentlich wofür einzustehen, wenn etwas schiefgelaufen ist?

Wie bei allen Gesellschaften sind bei der OHG Haftungsfragen ebenfalls überaus prüfungsrelevant. Sie sollten das Thema also nicht auf die lange Bank schieben.

Wenn Sie sich diesbezüglich nicht mehr sicher sind, schlagen Sie im *Handels- und Gesellschaftsrecht für Dummies* in Kapitel 11 nach, bevor Sie sich den nachfolgenden Punkten widmen.

Stellen Sie gleich die richtigen Weichen: Unterscheiden Sie dabei, wer überhaupt haftet. Das können sein:

- ✓ die **OHG** selbst,
- ✓ die **Gesellschafter** der OHG.

Kurz wiederholt: Die Basics zur Haftung der Gesellschaft

Sie wissen ja schon, dass die OHG selbst rechtsfähig ist (§ 124 HGB). Deshalb haftet sie

- ✓ für eigene Verbindlichkeiten,
- ✓ für ein Fehlverhalten eines Gesellschafters.

Dazu nun wieder einige Aufgaben.

Aufgaben zu Kapitel 11 – Block I

Aufgabe 11.1

Welche Norm ziehen Sie bei einer Haftung der OHG für eigene Verbindlichkeiten heran?

Aufgabe 11.2

Womit haftet eine OHG für die Verbindlichkeiten?

Aufgabe 11.3

In welcher Norm finden Sie etwas, wenn es um ein deliktisches Fehlverhalten des Gesellschafters geht?

Aufgabe 11.4

Lioba, Lucas und Lennard sind Gesellschafter der LiLuLe-OHG. Im Namen der Gesellschaft erwirbt Lucas für 20.000 Euro einen neuen Geschäftswagen. Kann der Verkäufer nun von der OHG den Kaufpreis verlangen?

Kurz wiederholt: Die Basics zur Haftung der Gesellschafter

Nicht nur die Gesellschaft, sondern auch die Gesellschafter müssten gegebenenfalls für Verbindlichkeiten aufkommen. Denn die OHG-Gesellschafter haften selbst

- ✓ für Verbindlichkeiten der OHG,
- ✓ für Altverbindlichkeiten vor ihrem Eintreten,
- ✓ im Rahmen einer Nachhaftung bei einem Ausscheiden.

Jetzt sind Sie wieder gefragt.

Aufgaben zu Kapitel 11 – Block II

Aufgabe 11.5

Felix und Gina sind Gesellschafter der F+G OHG. Felix nimmt bei der B-Bank im Namen der Gesellschaft einen Kredit in Höhe von 35.000 Euro auf. Gina ist damit jedoch gar nicht einverstanden und widerspricht. Nachdem die Darlehenssumme ausgezahlt wurde, sorgt sie sich nun, ob sie persönlich dafür geradestehen muss. Hat die Bank gegen Gina einen Rückzahlungsanspruch?

Aufgabe 11.6

Wenn Gina im Fall 11.5 zahlt, hat sie dann einen Ausgleichsanspruch gegen die OHG beziehungsweise Felix?

Aufgabe 11.7

Auf welche Norm lässt sich eine Haftung stützen, wenn es um Altverbindlichkeiten geht, die schon vor dem Eintritt des Gesellschafters entstanden sind?

Aufgabe 11.8

Was gilt bezüglich der Haftung eines ausscheidenden OHG-Gesellschafters?

Alles gewusst? Lösungshinweise zu Kapitel 11

Aufgabe 11.1

Das ist vollkommen unproblematisch. Die Haftung der OHG lässt sich direkt auf § 124 HGB stützen. Als Anspruchsgrundlage kommt dann der jeweilige Verpflichtungstatbestand (also zum Beispiel bei einer Mietzahlung § 535 Abs. 2 BGB) in Betracht, und zwar in Verbindung mit (i.V.m.) § 124 HGB.

Aufgabe 11.2

Die Gesellschaft haftet für ihre Verbindlichkeiten mit dem eigenen Gesellschaftsvermögen.

Aufgabe 11.3

Ganz einfach: Denken Sie wieder an § 31 BGB. Der ist jedoch wiederum nicht direkt, sondern nur entsprechend (also *analog*) anzuwenden: Sie wissen ja inzwischen, dass die Norm eigentlich nur für Vereine und damit körperschaftlich strukturierte Gesellschaften (wie die GmbH und AG) gilt. § 31 BGB ist dabei keine Anspruchsgrundlage, sondern eine Zurechnungsnorm.

Aufgabe 11.4

Der Verkäufer kann den Kaufpreis nach § 433 Abs. 2 BGB i.V.m. § 124 HGB dann von der OHG verlangen, wenn zwischen *diesen* beiden ein wirksamer Kaufvertrag zustande gekommen ist, was entsprechende Willenserklärungen voraussetzt. Dazu müsste Lucas die LiLuLe-OHG wirksam vertreten haben. Das wäre nach § 164 BGB der Fall, wenn er (1.) eine eigene Willenserklärung, (2.) im fremden Namen und (3.) mit Vertretungsmacht abgegeben hätte. Problematisch ist hier allenfalls die Vertretungsmacht. Dem Sachverhalt ist dazu zwar direkt nichts zu entnehmen. Jedoch haben die Gesellschafter einer OHG nach § 125 HGB grundsätzlich Einzelvertretungsbefugnis. Lucas konnte also stellvertretend für die OHG wirksam einen entsprechenden Kaufvertrag abschließen. Damit besteht ein Zahlungsanspruch des Verkäufers gegen die LiLuLe-OHG.

Aufgabe 11.5

Ein Rückzahlungsanspruch gegen Gina könnte sich aus § 488 Abs. 1 Satz 2 BGB i.V.m. § 128 HGB ergeben. Danach haften die Gesellschafter für die Verbindlichkeiten der Gesellschaft den Gläubigern gegenüber. Dann müsste eine »Verbindlichkeit« der OHG bestehen. In Betracht kommt hier der Rückzahlungsanspruch aus dem Darlehensvertrag (§ 488 BGB). Der ist wirksam, wenn Felix die Gesellschaft wirksam vertreten hat. Das setzt dreierlei voraus: (1.) die Abgabe einer eigenen Willenserklärung, (2.) im fremden Namen und (3.) mit Vertretungsmacht. Die Voraussetzungen sind hier gegeben, insbesondere die Vertretungsmacht (Einzelvertretungsbefugnis, § 125 HGB). Dass Gina der Kreditaufnahme widerspricht (§ 115 HGB), ist allenfalls mit Blick auf die Geschäftsführung und damit das Innenverhältnis von Bedeutung (gegebenenfalls Schadensersatzpflicht von Felix nach § 280 BGB). Für den Vertragsschluss kommt es aber allein auf die Vertretungsbefugnis an. Sie ist im Verhältnis zu Dritten ohnehin nicht beschränkbar (§ 126 Abs. 2 HGB). Der Darlehensvertrag und damit der Rückzahlungsanspruch bestehen folglich. Dafür haftet Gina persönlich.

Wenn es also um die Haftung der Gesellschafter für Verbindlichkeiten der OHG geht, denken Sie immer an § 128 HGB. Danach haften die Gesellschafter einer OHG persönlich, primär, unbeschränkt und unmittelbar. Der Gläubiger hat letztlich die Wahl, ob er sich an die Gesellschaft, die Gesellschafter oder sogar an beide wendet.

Sollte der in Anspruch genommene Gesellschafter übrigens geltend machen, ihm stünden Einwendungen gegen den Anspruch zu, dann lesen Sie einfach eine Vorschrift weiter: Nach § 129 HGB kann jemand nämlich persönliche Einwendungen sowie Einwendungen, die von der Gesellschaft erhoben werden können, ebenfalls geltend machen (Absatz 1). Außerdem stehen ihm Leistungsverweigerungsrechte zu (Absatz 2, 3). Entwickeln Sie ein Gespür für Probleme.

Aufgabe 11.6

Nach § 110 HGB hat Gina tatsächlich einen Anspruch gegenüber der OHG auf Ersatz der Aufwendungen. Zudem kann sie nach den Regeln der Gesamtschuldnerschaft (§§ 421 bis 426 BGB) ihren Mitgesellschafter Felix in Anspruch nehmen. Der muss anteilig einen Ausgleich zahlen.

Auch wenn es das Gesetz direkt nicht hergibt, so muss sich Gina erst einmal an die OHG wenden. Das ergibt sich aus der *Treuepflicht*. Sollte bei der OHG jedoch nichts zu holen sein, weil das Gesellschaftsvermögen nicht ausreicht, kann sie sich an Felix halten.

Aufgabe 11.7

Die Haftung für Altschulden, die bereits vor Eintritt eines OHG-Gesellschafters begründet waren, regelt § 130 HGB. Wenn die Gesellschafter im Innenverhältnis vereinbaren, eine Haftung auszuschließen, so ist das übrigens im Außenverhältnis gegenüber Dritten wiederum unwirksam (Absatz 2).

Aufgabe 11.8

Nach § 160 HGB (den kennen Sie schon von der GbR) haftet ein Gesellschafter selbst nach seinem Ausscheiden noch für Verbindlichkeiten, die bis dahin begründet wurden (sogenannte *Nachhaftung*). Interessant ist dabei der Fristbeginn, der ja – wie bei der GbR erläutert – nicht mit dem Zeitpunkt des Ausscheidens zu laufen beginnt. Maßgeblich ist vielmehr die Kenntnis des Gläubigers vom Ausscheiden – unterschiedliche Gläubiger mit unterschiedlicher Kenntnis führen gegebenenfalls zu unterschiedlichen Fristen.

Teil VI (6. Tag)
Endspurt: Die Kommanditgesellschaft

Aufgabe Kapitel 12: Die KG in Aktion

- ✓ Ist Ihnen klar, wie die KG und die OHG zueinander stehen und welche Besonderheit es bei der KG hinsichtlich der Gesellschafterstruktur gibt?
- ✓ Haben Sie eine Vorstellung davon, wem die Geschäftsführung obliegt?
- ✓ Ist Ihnen geläufig, wer eine KG vertritt?

Aufgabe Kapitel 13: Die Haftung bei der KG

- ✓ Können Sie erläutern, inwieweit eine KG selbst haftet?
- ✓ Sind Sie mit der Haftung der Gesellschafter vertraut?

In diesem Teil ...

Biegen Sie nun auf die Zielgerade ein: Mit der Kommanditgesellschaft liegt noch eine Personengesellschaft vor Ihnen. Sie hat ebenfalls ein paar Besonderheiten, was sie gerade für Prüfungen interessant macht.

Die KG in Aktion

12

In diesem Kapitel ...

- Bedeutung der KG erkennen
- Kennzeichnende Eckpunkte einer KG erfassen
- Geschäftsführung und Vertretung beherrschen

Nehmen Sie sich nun noch die dritte wichtige Personengesellschaft vor: die Kommanditgesellschaft (KG).

Wenn Sie sich bezüglich der KG nicht mehr sicher sind, schlagen Sie im *Handels- und Gesellschaftsrecht für Dummies* in Kapitel 12 nach, bevor Sie sich den nachfolgenden Punkten widmen.

Kurz wiederholt: Die Basics zur KG

Die KG als Sonderform der OHG

Sie haben vielleicht schon gesehen, dass die GbR so etwas ist wie die Grundform der Personengesellschaften und die OHG eine besondere Ausprägung davon (vor allem wenn die Gesellschaft ein *Handelsgewerbe* betreibt). Als Dritte im Bunde reiht sich die KG hier nahtlos ein: Sie ist ihrerseits so etwas wie eine Sonderform der OHG. Geregelt ist die Kommanditgesellschaft wiederum im HGB, und zwar ab § 161 HGB. Eigentlich bräuchte man zur KG gar nicht viele Worte zu verlieren. Sie funktioniert nämlich im Grunde genauso wie die OHG. Eine entscheidende Besonderheit gibt es aber doch: die unterschiedliche Gesellschafterstruktur.

Achtung! Zwei Arten von Gesellschaftern

Bei der KG gibt es zwei Arten von Gesellschaftern. Auswendig zu lernen brauchen Sie dazu nichts. Sehen Sie sich einfach § 161 Abs. 1 HGB an. Danach gibt es:

- ✓ **Komplementär:** Das ist derjenige, der als »persönlich haftender Gesellschafter« voll einzustehen hat.
- ✓ **Kommanditist:** Das ist derjenige, bei dem die Haftung gegenüber den Gesellschaftsgläubigern auf den Betrag einer bestimmten Vermögenseinlage beschränkt ist.

Jede KG hat mindestens einen Komplementär und einen Kommanditisten. Dabei entsprechen die Komplementäre in etwa den Gesellschaftern einer OHG. Das Besondere sind die Kommanditisten, die nur beschränkt haften.

Die KG in der Praxis

Dass die KG etwas praxisrelevanter ist als die OHG, liegt an der Gesellschafterstruktur mit mindestens einem persönlich (unbeschränkt) haftenden Komplementär sowie weiteren (beschränkt haftenden) Kommanditisten. Und das ist noch nicht alles: Haftungsrisiken bei der KG lassen sich nämlich weiter minimieren. Hier kommt der *Grundsatz der Vertragsfreiheit* aus Kapitel 1 zum Zuge: Mit der GmbH & Co KG gibt es nämlich die Möglichkeit, zwei Gesellschaftsformen zu kombinieren. Die GmbH ist dann Komplementärin der KG. Dadurch lässt sich die eigentlich unbeschränkte Haftung des Komplementärs auf elegante Weise doch beschränken. Populär sind zudem sogenannte »Publikums-KGs« mit manchmal Tausenden von Kommanditisten, die sich kapitalmäßig beteiligen. Für sie gelten mitunter Sonderregeln (die werden Ihnen aber in einer normalen Klausur regelmäßig nicht begegnen).

Machen Sie nun gleich Nägel mit Köpfen und erschließen Sie sich die restlichen Besonderheiten der KG im Rahmen einiger Aufgaben.

Aufgaben zu Kapitel 12 – Block I

Aufgabe 12.1

Welche rechtlichen Regelungen gelten für die KG?

Aufgabe 12.2

Wie entsteht eine KG im *Innenverhältnis*?

Aufgabe 12.3

Welchen Zweck kann eine KG verfolgen?

Aufgabe 12.4

Wie entsteht eine KG im *Außenverhältnis*?

Aufgabe 12.5

Ist eine KG Kaufmann?

Aufgabe 12.6

Ist eine KG firmenfähig?

Aufgabe 12.7

Ist eine KG rechtsfähig?

Aufgabe 12.8

Wer kann alles Gesellschafter einer KG sein?

Rechte und Pflichten der KG-Gesellschafter

Gesellschafter haben stets bestimmte Rechte und Pflichten. Das ist bei der GbR und der OHG so und natürlich bei der KG nicht anders. Komplementäre werden ohnehin wie OHG-Gesellschafter behandelt. Und auch die Kommanditisten stehen nicht außen vor; sie sind gleichfalls Gesellschafter mit grundsätzlich den gleichen Rechten und Pflichten: Ihnen steht zum Beispiel das Stimmrecht bei Beschlussfassungen zu (§§ 161 Abs. 2, 119 HGB). Gegebenenfalls können aber spezielle Regelungen greifen (etwa bei der Gewinnverteilung, siehe §§ 167, 168 HGB).

Kurz wiederholt: Geschäftsführung und Vertretung

Wirklich aufpassen sollten Sie bei der Geschäftsführung und der Vertretung. Die kennen Sie vielleicht noch aus den vorherigen Kapiteln. (Schlagen Sie ansonsten noch einmal in Kapitel 1 bei den Grundlagen nach). Aber möglicherweise sind Sie sich ja schon sicher? Dann haben Sie nun wieder Gelegenheit, Ihre Kenntnisse im Rahmen einiger Aufgaben zu überprüfen.

Aufgaben zu Kapitel 12 – Block II

Aufgabe 12.9

Wem obliegt bei einer KG die Geschäftsführung?

Aufgabe 12.10

Wäre es möglich, einem Kommanditisten durch eine Regelung im Gesellschaftsvertrag die Geschäftsführungsbefugnis einzuräumen?

Aufgabe 12.11

Wem steht bei der KG die Vertretungsbefugnis zu?

Aufgabe 12.12

Wäre es möglich, einem Kommanditisten durch eine Regelung im Gesellschaftsvertrag eine Vertretungsbefugnis einzuräumen?

Alles gewusst? Lösungshinweise zu Kapitel 12

Aufgabe 12.1

Die KG ist geregelt in den §§ 161 ff. HGB. Achtung! Die Regelungen dort sind nicht abschließend. Über § 161 Abs. 2 HGB gelten bei Lücken die Vorschriften zur OHG und über den dortigen Verweis in § 105 Abs. 3 HGB darüber hinaus die Regelungen zur GbR (§§ 705 ff. BGB). Das Ganze erinnert also etwas an ein Schachtelprinzip (oder an russische Matroschka-Figuren), was Sie bei der Prüfung beachten sollten (gerade beim Zusammenspiel mit Vorschriften aus dem OHG-Recht; dazu finden Sie in diesem Kapitel mehr).

Aufgabe 12.2

Eigentlich ergeben sich bei der Gründung einer KG keine nennenswerten Unterschiede im Vergleich zu einer OHG. Die KG ist ebenfalls ein Zusammenschluss mehrerer Personen (eine Ein-Personen-KG gibt es wiederum nicht!). Die rechtliche Grundlage bildet der *Gesellschaftsvertrag*. In dem muss deutlich werden, dass es mindestens einen Komplementär und einen Kommanditisten gibt. Zudem muss die *Haftsumme* (manchmal *Kommanditeinlage* genannt) des Kommanditisten klar sein.

Die Einlage ist für den Kommanditisten kennzeichnend. Sie sollten dabei folgende Begriffe auseinanderhalten: zum einen die sogenannte *Hafteinlage*; sie ist dem Handelsregister zu entnehmen und bezieht sich auf eine bestimmte monetäre Größe, die für die Haftung entscheidend ist. Zum anderen die *Pflichteinlage*; sie ergibt sich aus dem Gesellschaftsvertrag und muss sich nicht zwingend auf Geld beziehen, sondern kann auch sonstige Beiträge umfassen (Sachen, Rechte, Dienstleistungen etc.). In der Praxis stellen sich bei der Bewertung von Sacheinlagen mitunter Probleme. Hafteinlage und Pflichteinlage sind also nicht deckungsgleich.

Aufgabe 12.3

Ist das nicht schön? Selbst beim *Gesellschaftszweck* brauchen Sie nichts Neues zu lernen. Denn wie Sie § 161 HGB entnehmen können, ist das genauso wie bei der OHG, nämlich:

- ✓ **Betrieb eines Handelsgewerbes** (§ 161 Abs. 1 HGB)
- ✓ **kleingewerbliche oder vermögensverwaltende KG** (§ 161 Abs. 2,105 Abs. 2 HGB)

Aufgabe 12.4

Bei Betreiben eines *Handelsgewerbes* entsteht die KG entweder mit (*deklaratorischem*) Handelsregistereintrag (§§ 161 Abs. 2, 123 Abs. 1 HGB) oder mit Geschäftsbeginn (§§ 161 Abs. 2, 123 Abs. 2 HGB). Wenn die KG ein Kleingewerbe betreibt oder vermögensverwaltend tätig ist, ist die Eintragung in das Handelsregister sogar *konstitutiv* (§§ 161 Abs. 2, 123 Abs. 1 und 3 HGB).

Aufgabe 12.5

Eine KG ist Formkaufmann (§ 6 Abs. 1 HGB).

Aufgabe 12.6

Eine KG ist als Kaufmann natürlich firmenfähig (siehe § 19 HGB).

Aufgabe 12.7

Eine KG ist wie die OHG teilrechtsfähig (§§ 161 Abs. 2, 124 HGB).

Aufgabe 12.8

Gesellschafter einer KG können – wie bei der GbR und der OHG – natürliche und juristische Personen (zum Beispiel eine GmbH) sein sowie andere Personengesellschaften (GbR, OHG, KG). Besonders häufig findet sich in der Praxis das schon erwähnte Konstrukt der GmbH & Co KG.

Aufgabe 12.9

Das kommt ganz darauf an, um welche unterschiedlichen Formen der Gesellschafter es geht:

- **Komplementär:** Die Befugnis zur Geschäftsführung liegt bei einer KG beim Komplementär (§ 161 Abs. 2, 114 ff. HGB).
- **Kommanditist:** Er ist regelmäßig von der Geschäftsführung ausgeschlossen, hat aber unter Umständen ein eingeschränktes Widerspruchsrecht (§ 164 HGB).

Aufgabe 12.10

Eine gesellschaftsvertragliche Regelung, die einem Kommanditisten die Befugnis zur Geschäftsführung einräumt, ist durchaus zulässig.

Eine solche Regelung zur Geschäftsführungsbefugnis eines Kommanditisten steht keineswegs im Widerspruch zum *Prinzip der Selbstorganschaft*. Der Kommanditist ist ja schließlich *selbst* Gesellschafter.

Aufgabe 12.11

Genauso wie bei der Geschäftsführung können Sie bei der Vertretung differenzieren:

- **Komplementär:** Ihm obliegt die Vertretung der Gesellschaft (§§ 161 Abs. 2, 125 HGB).
- **Kommanditist:** Er ist dazu gerade nicht berechtigt (§ 170 HGB).

Aufgabe 12.12

Anders als bei der Geschäftsführung kommt bei der Vertretung eine von § 170 HGB abweichende gesellschaftsvertragliche Regelung nicht in Betracht. Man könnte einem Kommanditisten aber durchaus eine rechtsgeschäftliche Vertretungsmacht, zum Beispiel eine Prokura, erteilen (die kennen Sie ja aus Kapitel 5).

Die Haftung bei der KG

13

In diesem Kapitel …

- Bedeutung der Haftungsregelungen erfassen
- Tatbestände der KG-Haftung kennen
- Formen der Gesellschafterhaftung unterscheiden

Aller guten Dinge sind bekanntlich drei. Und so soll es nun zum dritten Mal um Haftungsfragen gehen – diesmal bei der KG.

Der »Clou« der KG besteht in der unterschiedlichen Gesellschafterstruktur und der damit verbundenen Haftung. Was liegt also näher, gerade diesem Aspekt besondere Aufmerksamkeit zu schenken. Also: Augen auf bei der Haftung.

Wenn Sie sich diesbezüglich nicht mehr sicher sind, schlagen Sie im *Handels- und Gesellschaftsrecht für Dummies* in Kapitel 12 nach, bevor Sie sich den nachfolgenden Punkten widmen.

Machen Sie es doch einfach wie schon bei den beiden anderen Personengesellschaften, der GbR und der OHG. Unterscheiden Sie zwischen der

- ✓ Haftung der KG selbst und der
- ✓ Haftung der Gesellschafter einer KG.

Kurz wiederholt: Die Basics zur Haftung der Gesellschaft

Was soll man noch sagen? Da ja eine KG genauso wie die OHG selbst teilrechtsfähig ist (§§ 161 Abs. 2, 124 HGB), erahnen Sie sicher schon, dass eine KG selbst haftet, und zwar

- ✓ für eigene Verbindlichkeiten sowie
- ✓ für ein Fehlverhalten eines Gesellschafters.

Dazu nun wieder einige Aufgaben.

Aufgaben zu Kapitel 13 – Block I

Aufgabe 13.1

Welche Norm(en) ist/sind heranzuziehen, wenn es um eine Haftung der KG für eigene Verbindlichkeiten geht?

Aufgabe 13.2

Welche Norm sollten Sie anwenden, wenn die KG für ein deliktisches Fehlverhalten eines Gesellschafters haften soll?

Aufgabe 13.3

»Analog oder nicht analog« – das ist gerade bei der KG oft die Frage, wenn es um die Anwendung von Vorschriften geht. Können Sie mit Blick auf die Aufgaben 13.1 und 13.2 erklären, wann was gilt?

Aufgabe 13.4

Conny ist Komplementärin der ConVoi KG. Sie lässt Reparaturarbeiten in den Geschäftsräumen vornehmen. Kann sich der Reparateur wegen der Bezahlung der ausstehenden Rechnung an die KG halten?

Kurz wiederholt: Die Basics zur Haftung der Gesellschafter

Sie ahnen es natürlich schon: Nicht nur eine KG selbst haftet, sondern bei Vorliegen der entsprechenden Voraussetzungen auch die Gesellschafter. Das stimmt zwar grundsätzlich. Dennoch an dieser Stelle ein »Aber«. Denn hier ist manches etwas verzwickter. Halten Sie zunächst die

- ✓ **Haftung des Komplementärs** für Verbindlichkeiten der KG und die
- ✓ **Haftung des Kommanditisten** für Verbindlichkeiten der KG auseinander.

Studierende tun sich oft mit den Haftungsregelungen schwer. In Prüfungen spielt nicht die Haftung des Komplementärs, sondern vor allem die des Kommanditisten eine herausragende Rolle, weil es dort ganz unterschiedliche Haftungstatbestände gibt, was die ganze Sache etwas – nun ja, sagen wir – »tricky« macht. Wenn Sie die verschiedenen Optionen tunlichst auseinanderhalten, sollte eigentlich nicht allzu viel passieren. Schenken Sie bei Ihrer Prüfungsvorbereitung den Haftungstatbeständen ein besonderes Augenmerk und versuchen Sie, die Regelungen zu verstehen.

Mehr zu alledem jetzt bei den Aufgaben.

Aufgaben zu Kapitel 13 – Block II

Aufgabe 13.5

Simon ist persönlich haftender Gesellschafter einer KG. Muss er für eine Gesellschaftsverbindlichkeit womöglich selbst geradestehen? Und wenn ja, auf welche Regelung lässt sich das stützen?

Aufgabe 13.6

Wenn es um die Haftung des Kommanditisten geht, sollten Ihnen die einschlägigen Rechtsgrundlagen einfallen. Welche Norm greift hier vor allem und welche beiden unterschiedlichen Fälle sind darin geregelt?

Aufgabe 13.7

Angenommen, eine KG wurde noch nicht in das Handelsregister eingetragen. Wonach richtet sich dann die Haftung des Kommanditisten, wenn die Gesellschaft Verbindlichkeiten eingeht?

Aufgabe 13.8

Und wie ist es, wenn ein Kommanditist in eine bereits bestehende KG eintritt? Was gilt haftungsrechtlich dann?

Aufgabe 13.9

Haftet ein Kommanditist auch, wenn er wieder aus einer KG ausscheidet?

Aufgabe 13.10

Wie wirkt es sich auf die Gesellschaft aus, wenn ein Kommanditist stirbt?

Alles gewusst? Lösungshinweise zu Kapitel 13

Aufgabe 13.1

Das ist wie bei der OHG vollkommen unproblematisch: Sie müssen nur an den Verweis in § 161 Abs. 2 HGB auf § 124 HGB denken. Eine Haftung der KG mit ihrem Gesellschaftsvermögen lässt sich somit auf §§ 161 Abs. 2, 124 HGB stützen. In einer Fallbearbeitung wäre dann zu prüfen, ob eine »Verbindlichkeit« der KG besteht (zum Beispiel aus einem Vertrag). Wenn ja, dann muss die KG selbst dafür einstehen.

Aufgabe 13.2

Kurzum: Natürlich gilt wiederum § 31 BGB *analog*.

Aufgabe 13.3

In Aufgabe 13.1 müssen Sie § 124 HGB nicht *analog* anwenden, weil es in § 161 Abs. 2 HGB einen expliziten und pauschalen Verweis auf das ergänzend geltende OHG-Recht gibt (bei der GbR fehlte der wiederum). Anders ist es in Aufgabe 13.2. Da es bei der KG (sowie der GbR und der OHG) eben keinen Verweis auf § 31 BGB gibt, besteht eine gesetzliche Lücke; sie wird durch die entsprechende, also *analoge*, Anwendung des § 31 BGB geschlossen.

Aufgabe 13.4

Eine KG haftet, wie Sie schon in Aufgabe 13.1 gesehen haben, ebenso wie eine OHG für eigene Verbindlichkeiten (§§ 161 Abs. 2, 124 HGB). Sie muss daher für die Forderung aus einem Werkvertrag (§ 631 Abs. 1 BGB) ebenfalls aufkommen, den die Komplementärin Conny im Namen der KG abgeschlossen hat.

In einer Fallbearbeitung wäre in einem solchen Fall regelmäßig genauer darauf einzugehen, ob ein wirksamer Vertrag zwischen dem Reparateur und der Con-Voi KG (vertreten durch Conny) besteht.

Aufgabe 13.5

Ja, ein Komplementär hat als persönlich haftender Gesellschafter genauso wie ein OHG-Gesellschafter für eine Gesellschaftsverbindlichkeit einzustehen. Das bedeutet:

✓ **Grundregel für Gesellschaftsverbindlichkeiten:** Haftung gemäß §§ 161 Abs. 2, 128 HGB. Hier wären in einer Fallbearbeitung folgende Tatbestandsmerkmale zu prüfen: Der in Anspruch genommene müsste erstens »Gesellschafter« der KG sein. Zudem müsste zweitens eine »Verbindlichkeit der Gesellschaft« (zum Beispiel aus einem Vertrag) geben. Dann haftet (Rechtsfolge!) jeder einzelne Gesellschafter den Gläubigern persönlich; wie Sie lesen können sind die Gesellschafter Gesamtschuldner (§ 421 BGB).

✓ **Sonderregel für Altverbindlichkeiten:** Haftung gemäß § 161 Abs. 2, 160 HGB (Die Vorschrift sollte Ihnen nicht neu vorkommen; Sie kennen sie schon von der GbR und der OHG).

Aufgabe 13.6

Wenden Sie § 171 HGB an. Er betrifft die Haftung des Kommanditisten. Sie brauchen nur zu lesen und zu unterscheiden zwischen:

✓ **Grundregel** (§ 171 Abs. 1, 1. Halbsatz HGB): Danach haftet ein Kommanditist einem Gläubiger gegenüber persönlich, unmittelbar »bis zur Höhe seiner Einlage«. Sie müssten hier in einer Fallbearbeitung folgende Tatbestandsmerkmale prüfen: Ist der in Anspruch Genommene ein »Kommanditist«? Und gibt es einen »Gläubiger der Gesellschaft«, also jemanden der Kraft eines Schuldverhältnisses berechtigt ist, von der Gesellschaft eine Leistung zu fordern (siehe auch § 241 BGB)?

✓ **Ausnahme** (§ 171 Abs. 1, 2. Halbsatz HGB): Falls der Kommanditist seine Einlage bereits erbracht hat (Tatbestand!), ist die Haftung ausgeschlossen (Rechtsfolge!) und er ist quasi aus dem Schneider. Das wird ihn freuen.

Von der Ausnahme gibt es wieder ein Ausnahme (und zugleich ein typisches Klausurproblem). Das betrifft § 172 Abs. 4 HGB. Danach kann eine Haftung nämlich wieder »aufleben«, wenn ein Kommanditist seine Einlage zurückerhält. Dazu genügt es, wenn er ohne entsprechende Gegenleistung aus dem Gesellschaftsvermögen etwas erhält.

Aufgabe 13.7

Denken Sie hier an § 176 HGB und die beiden darin geregelten Fälle:

✓ **Haftung bei neu gegründeter KG:** Ein Kommanditist haftet für Geschäftsverbindlichkeiten genauso wie ein Komplementär (also in diesem Fall sogar *unbeschränkt*!) bis zur Eintragung der Gesellschaft in das Handelsregister (Absatz 1).

✓ **Haftung bei Eintritt in eine bestehende KG:** Ein Kommanditist haftet zugleich für Geschäftsverbindlichkeiten, wenn er in eine bestehende Handelsgesellschaft eintritt (Absatz 2).

Sie sehen also: Ein Kommanditist kann ausnahmsweise sogar unbeschränkt haften! In der Praxis behilft man sich mit einem kleinen Trick, um die unbeschränkte Haftung nach § 176 Abs. 2 HGB »auszuhebeln«: Der Eintritt in die KG erfolgt unter der aufschiebenden Bedingung (§ 158 Abs. 1 BGB) seiner Eintragung. Das ist durchaus möglich und der Kommanditist wäre dann aus dem Schneider.

Aufgabe 13.8

Beim Eintritt in eine bestehende KG können Sie abermals zwei Fälle unterscheiden:

- ✓ **Grundsätzlich beschränkte Haftung** des Kommanditisten für Altverbindlichkeiten, die *vor* Eintritt in eine bestehende KG entstanden sind. § 173 HGB verweist dazu auf die (beschränkte) Haftung nach §§ 171, 172 HGB.
- ✓ **Ausnahmsweise volle Haftung** des Kommanditisten für Gesellschaftsverbindlichkeiten, die *zwischen* seinem Eintritt und dessen Eintragung in das Handelsregister entstehen (§ 176 Abs. 2 HGB). Das haben Sie ja gerade schon in Aufgabe 13.7 kennengelernt.

Sie sehen aus den vorstehenden Antworten, dass es gerade beim Kommanditisten unterschiedliche Konstellationen der Haftung gibt. Sie sollten daher immer hellhörig werden, wenn in einer Prüfung Datumsangaben oder andere Hinweise auf zeitliche Abläufe enthalten sind! Machen Sie sich die Mühe, die einschlägigen Normen zu verstehen. Dann sind die Weichen auf jeden Fall richtig gestellt.

Aufgabe 13.9

Für die Haftung des ausscheidenden Gesellschafters gibt es keine speziellen Regelungen. Sie können sich gegebenenfalls mit den §§ 171, 172 HGB behelfen. Wird das Ausscheiden in das Handelsregister eingetragen, beginnt zugleich die Ihnen schon bekannte fünfjährige Frist zur Nachhaftung (§§ 161 Abs. 2, 160 HGB).

Aufgabe 13.10

Der Tod eines Kommanditisten führt nicht zum Erlöschen der KG. Sie wird vielmehr nach § 177 HGB mit den Erben fortgesetzt (wenngleich diese Regelung in der Praxis gesellschaftsvertraglich oft ausgeschlossen wird).

Teil VII (7. Tag)
Geschafft: Die Gesellschaft mit beschränkter Haftung

Aufgabe Kapitel 14: Die GmbH in Aktion

- ✓ Wissen Sie, wie man eine GmbH gründet?
- ✓ Haben Sie eine Vorstellung davon, wem die Geschäftsführung obliegt?
- ✓ Ist Ihnen geläufig, wer eine GmbH vertritt?

Aufgabe Kapitel 15: Die Haftung bei der GmbH

- ✓ Können Sie erläutern, wie die Haftung im Gründungsstadium aussieht?
- ✓ Haben Sie eine Idee, inwieweit der Begriff »Gesellschaft mit beschränkter Haftung« etwas irreführend ist?
- ✓ Haften die Gesellschafter einer GmbH?

In diesem Teil …

Und weiter geht's auf der Zielgeraden: Fragestellungen rund um die Gesellschaft mit beschränkter Haftung sind gerade wegen mancher Eigenheiten immer wieder für Prüfungen bedeutsam.

Die GmbH in Aktion

14

In diesem Kapitel ...

- Bedeutung der GmbH erkennen
- Gründungsprozedere der GmbH nachvollziehen
- Geschäftsführung und Vertretung beherrschen

Nun ist es Zeit, sich auf die letzte Etappe einzustimmen. Dabei geht es um die *Gesellschaft mit beschränkter Haftung* (GmbH).

Wenn Sie sich bezüglich der GmbH nicht mehr sicher sind, schlagen Sie im *Handels- und Gesellschaftsrecht für Dummies* in Kapitel 14 nach, bevor Sie sich den nachfolgenden Punkten widmen.

Kurz wiederholt: Die Basics zur GmbH

Die GmbH als Kapitalgesellschaft

Die GmbH ist anders als die vorausgegangenen Gesellschaften keine *Personengesellschaft*, sondern eine *Kapitalgesellschaft*. Das hat zwar weitreichende Konsequenzen (dazu gleich mehr). Trotzdem brauchen Sie sich nicht komplett umzustellen. Denn ähnlich wie bei den Personengesellschaften bleibt es bei den gleichen Fragestellungen: Wie wird eine solche Gesellschaft gegründet? Wem obliegen die Geschäftsführung und die Vertretung? Und wie steht es um die Haftung? Geregelt ist die GmbH übrigens in einem eigenen Gesetz, dem GmbHG.

Dort finden Sie zugleich etwas zur sogenannten »Unternehmergesellschaft (haftungsbeschränkt)«. Dabei handelt es sich nicht etwa um eine eigene Gesellschaftsform, sondern um eine besondere Ausprägung der GmbH. Landläufig bezeichnet man sie als »Mini-GmbH« oder »Ein-Euro-GmbH« (was allerdings nicht ganz treffend ist, denn es muss nicht ein Euro sein, siehe § 5a GmbHG).

Die Aktiengesellschaft

Eine weitere Kapitalgesellschaft, die Aktiengesellschaft (AG), muss hier leider aus Platzgründen ausgeklammert bleiben. Sie ähnelt in vielerlei Hinsicht der GmbH. Sollte diese Gesellschaftsform in Ihrer Vorlesung eine Rolle gespielt haben, werden dort regelmäßig die gleichen Fragen und Problempunkte auftreten wie hier bei der GmbH. Die Anforderungen an die AG sind aber in vielerlei Hinsicht strenger.

Die Gründung der GmbH

Jede Gesellschaft hat so ihre Eigenheiten: Bei der GbR ist es beispielsweise die Rechtsfähigkeit, bei der OHG das Wirksamwerden im Außenverhältnis und bei der KG die Haftung der Kommanditisten. Und bei der GmbH? Hier ist es die Gründung. Die ist wesentlich aufwendiger. Man muss

1. **Gründungsbeschluss fassen.**
2. **Gesellschaftsvertrag beurkunden** (§ 2 GmbHG). Das ist die sogenannte Satzung.
3. **Geschäftsführer bestellen** (§ 6 Abs. 1 GmbHG). Das kann durchaus ein Nichtgesellschafter sein, der angestellt ist (*Prinzip der Fremdorganschaft*).
4. **Einlage erbringen** (§ 7 Abs. 2 GmbHG).
5. **zum Handelsregister anmelden** (§ 7 Abs. 1 GmbHG).
6. **Eintragung abwarten.** Erst mit der Eintragung entsteht die GmbH (*konstitutive* Wirkung der Eintragung, siehe § 11 GmbHG).

Unter bestimmten Voraussetzungen kann manches im Rahmen einer einfacheren Gründung zusammengefasst werden (siehe dazu § 2 Abs. 1a GmbHG). Dann darf es aber beispielsweise nicht mehr als drei Gesellschafter und einen Geschäftsführer geben.

Das anzuwendende Recht im Gründungsstadium

Gerade weil die Gründung der GmbH nach einem bestimmten Schema abläuft, gibt es unterschiedliche Stadien, sodass zu fragen ist: Welches Recht findet eigentlich Anwendung? Halten Sie dazu Folgendes auseinander:

- ✓ **Vorgründungsgesellschaft:** Davon spricht man, wenn der Gründungsbeschluss gefasst wurde. Das GmbH-Recht ist hier noch nicht anwendbar! Weil sich mehrere zu einem gemeinsamen Zweck zusammengefunden haben (nämlich der Gründung der GmbH), ist stattdessen entweder auf das Recht der GbR oder das der OHG (wenn ein *Handelsgewerbe* betrieben wird) zurückzugreifen.
- ✓ **Vor-GmbH** (auch *Vorgesellschaft* genannt): Sie entsteht mit der Feststellung der Satzung. Sie ist immer noch keine GmbH, sondern vielmehr eine Rechtsform eigener Art (*sui generis*). Auf die Vor-GmbH findet das GmbH-Recht mit ein paar Einschränkungen bereits Anwendung.
- ✓ **GmbH:** Sie entsteht mit der Eintragung der Gesellschaft in das Handelsregister (§ 11 Abs. 1 GmbHG).

Halten Sie diese unterschiedlichen Stagen unbedingt auseinander. Denn gegebenenfalls ist gar nicht das GmbH-Recht, sondern das Recht einer Personengesellschaft anzuwenden. Das sind zugleich beliebte Klausurthemen. Für die GmbH im Gründungsstadium finden Sie manchmal die Bezeichnung *GmbH i. Gr.* (»in Gründung«).

Die Rechtsfähigkeit der GmbH

Bei der GmbH bereitet Ihnen die Rechtsfähigkeit überhaupt keine Probleme. Die GmbH ist eine juristische Person und hat als solche selbstständige Rechte und Pflichten: Sie kann Eigentum und andere dingliche Rechte an Grundstücken erwerben, vor Gericht klagen und verklagt werden (§ 13 Abs. 1 GmbHG).

Die GmbH in der Praxis

Die GmbH ist eine überaus beliebte Rechtsform im Wirtschaftsleben und das in vielen Branchen. Überraschend ist das nicht, ist doch gerade die Haftungsbeschränkung als das kennzeichnende Merkmal für die beteiligten Gesellschafter interessant, weil es ihr (Haftungs-)Risiko merklich reduziert.

Fragen rund um das Gesellschaftsvermögen

In der Praxis sind Fragen rund um das Gesellschaftsvermögen überaus relevant: Was gilt hinsichtlich der Kapitalaufbringung? Wie steht es um die Erhaltung? Wie sind Gewinne und Verluste zu verteilen? In einer rechtlichen Klausur werden Sie mit diesen Fragestellungen allerdings kaum konfrontiert werden (es sei denn, diese Themen haben in Ihrer Veranstaltung ausnahmsweise doch einmal eine Rolle gespielt).

Sie können sich nun im Folgenden weiteren Details zur GmbH im Rahmen einiger Aufgaben widmen. Hier reicht es regelmäßig aus, einige Grundzüge zu beherrschen. Vieles davon können Sie ohnehin wieder direkt dem Gesetz entnehmen.

Aufgaben zu Kapitel 14 – Block I

Aufgabe 14.1

Welche Paragrafen im GmbHG befassen sich vornehmlich mit der Errichtung der Gesellschaft?

Aufgabe 14.2

Das GmbHG enthält verschiedene Vorschriften zum Innenverhältnis der Gesellschaft. Wo werden Sie hier fündig?

Aufgabe 14.3

Zu welchem Zweck kann eine GmbH gegründet werden?

Aufgabe 14.4

Wie viele Gesellschafter sind für eine GmbH-Gründung nötig?

Aufgabe 14.5

Was muss ein GmbH-Gesellschaftsvertrag beinhalten?

Aufgabe 14.6

Was versteht man unter dem *Stammkapital*?

Aufgabe 14.7

Was versteht man unter der *Stammeinlage*?

Aufgabe 14.8

Wer kann alles Gesellschafter einer GmbH sein?

Aufgabe 14.9

Findet auf die GmbH das HGB Anwendung?

Aufgabe 14.10

Ist eine GmbH Kaufmann?

Rechte und Pflichten der GmbH-Gesellschafter

Die Gesellschafter einer GmbH haben bestimmte Rechte und Pflichten. Die oberste Pflicht ist es, das für die »Kapital«gesellschaft nötige Kapital zur Verfügung zu stellen und zu erhalten (gegebenenfalls besteht eine sogenannte *Nachschusspflicht*). Im Übrigen haben sie Mitverwaltungsrechte (§§ 45 ff. GmbHG), Informations- und Kontrollrechte (§§ 51a, b GmbHG) und Vermögensrechte (zum Beispiel §§ 29, 72 GmbHG). Zudem trifft sie ebenfalls eine Treuepflicht und ein Wettbewerbsverbot.

Kurz wiederholt: Die Organe der GmbH

Anders als eine Personengesellschaft hat eine juristische Person wie eine GmbH sogenannte »Organe«, die für sie handeln. In Betracht kommen bei der GmbH

- ✓ die **Gesellschafterversammlung**,
- ✓ die **Geschäftsführung**,
- ✓ der **Aufsichtsrat**.

Aufgaben zu Kapitel 14 – Block II

Aufgabe 14.11

Was ist die Gesellschafterversammlung?

Aufgabe 14.12

Welche Aufgaben obliegen der Geschäftsführung?

Aufgabe 14.13

Was macht ein Aufsichtsrat?

Aufgabe 14.14

Hat jede GmbH einen Aufsichtsrat?

Alles gewusst? Lösungshinweise zu Kapitel 14

Aufgabe 14.1

In den §§ 1 bis 12 GmbHG sind die Voraussetzungen zur Gründung einer Gesellschaft quasi wie an einer Perlenschnur aufgelistet.

Aufgabe 14.2

Hier sind vor allem die §§ 13 bis 34 GmbHG einschlägig.

Aufgabe 14.3

Gesellschaften mit beschränkter Haftung können nach Maßgabe der Bestimmungen des GmbHG zu jedem gesetzlich zulässigen Zweck errichtet werden. Die Gesellschaft braucht nicht (wie eine OHG oder KG) ein *Handelsgewerbe* (§ 1 Abs. 2 HGB) zu betreiben.

Aufgabe 14.4

Das ergibt sich aus § 1 GmbHG: Es bedarf nicht zwingend mehrerer Personen. Möglich ist sogar eine Ein-Personen-GmbH.

Aufgabe 14.5

Lesen Sie dazu einfach § 3 GmbHG: Nötig sind unter anderem die Firma und der Sitz (Nr. 1), der Unternehmensgegenstand (Nr. 2), das sogenannte Stammkapital (Nr. 3) und die Stammeinlage (Nr. 4).

Aufgabe 14.6

Das *Stammkapital* (§ 3 Nr. 3 GmbHG) dient den Gläubigern als Haftungsmasse. Bei einer klassischen GmbH beträgt es mindestens 25.000 Euro (§ 5 Abs. 1 GmbHG). Bei einer »Unternehmergesellschaft (haftungsbeschränkt)« kann dieser Betrag niedriger sein (§ 5a Abs. 1 GmbHG).

Aufgabe 14.7

Die *Stammeinlage* (§ 3 Nr. 4 GmbHG) ist die jeweilige Einlage der Gesellschafter. Die Einlagen ergeben zusammen das Stammkapital.

Möglich sind bei der GmbH grundsätzlich Bareinlagen und Sacheinlagen, jedoch – anders als bei Personengesellschaften – keine Einlagen durch eine Dienstleistung. Bei der Unternehmergesellschaft (haftungsbeschränkt) sind nur Geldeinlagen möglich.

Aufgabe 14.8

Gesellschafter einer GmbH können natürliche oder juristische Personen sowie andere Gesellschaften sein.

Aufgabe 14.9

Ja! Die GmbH gilt als Handelsgesellschaft (§ 13 Abs. 3 GmbHG).

Aufgabe 14.10

Ebenfalls ein klares Ja! Als Handelsgesellschaft ist sie immer (!) Formkaufmann (§ 6 HGB).

Aufgabe 14.11

Die Gesellschafterversammlung (§§ 48 ff. GmbHG) ist das oberste Willensbildungsorgan der GmbH. Sie entspricht beispielsweise der Mitgliederversammlung beim Verein (oder der sogenannten Hauptversammlung bei der Aktiengesellschaft).

Aufgabe 14.12

Die Geschäftsführung (§§ 35 ff. GmbHG) ist zuständig für das operative Geschäft, also die eigentliche *Geschäftsführung* im Innenverhältnis. Der Geschäftsführer ist zugleich gesetzlicher *Vertreter* der Gesellschaft im Außenverhältnis (§ 35 GmbHG). Der Geschäftsführer braucht nicht selbst Gesellschafter zu sein (*Prinzip der Fremdorganschaft*).

Die unterschiedliche Handhabung hinsichtlich der Geschäftsführung und Vertretung, wie Sie sie von den Personengesellschaften her kennen, ist bei der GmbH vollkommen unproblematisch: Geschäftsführung und Vertretung obliegen stets dem Geschäftsführer.

Aufgabe 14.13

Der Aufsichtsrat (§§ 52 ff. GmbHG) ist das Kontrollorgan der Gesellschaft. Er überwacht die Geschäftsführung.

Aufgabe 14.14

Nein, nicht jede GmbH braucht zwingend einen Aufsichtsrat. Es besteht aber die Möglichkeit, freiwillig (*fakultativ*) ein solches Organ einzurichten. Zwingend (*obligatorisch*) ist der Aufsichtsrat insbesondere bei mehr als 500 Beschäftigten (siehe § 1 Abs. 1 Nr. 3 Drittelbeteiligungsgesetz).

Die Haftung bei der GmbH

15

In diesem Kapitel ...

- Haftung der Vorgründungsgesellschaft meistern
- Haftung der Vor-GmbH beherrschen
- Haftung der GmbH einordnen

Vermutlich haben Sie sich schon in den vorausgegangenen Kapiteln mit der Haftung bei den einzelnen Gesellschaften befasst. Was liegt näher, als sich bei einer Gesellschaft, die schon in der Bezeichnung »beschränkte Haftung« trägt, diesem Aspekt zu widmen?

Wenn Sie sich diesbezüglich nicht mehr sicher sind, schlagen Sie im *Handels- und Gesellschaftsrecht für Dummies* in Kapitel 14 nach, bevor Sie sich den nachfolgenden Punkten zuwenden.

Bei der Haftung im Zusammenhang mit der GmbH unterscheiden Sie am besten zwischen

- ✓ **Haftung im Gründungsstadium der GmbH** und
- ✓ **Haftung der fertigen GmbH**.

Achten Sie darauf, hier die Weichen richtig zu stellen. Der Rest ergibt sich dann meist von selbst.

Kurz wiederholt: Die Basics zur Haftung im Gründungsstadium

Die Haftung im Gründungsstadium ist in Prüfungen sehr beliebt. Augen auf!

Sie wissen bereits, eine GmbH existiert so lange nicht, wie sie nicht in das Handelsregister eingetragen wurde (§ 11 Abs. 1 GmbHG). Dennoch können im Vorfeld bereits Geschäfte getätigt worden sein: Denken Sie beispielsweise daran, dass Geschäftsräume angemietet, Büroausstattung gekauft oder sonstige Verträge abgeschlossen werden. Wenn dann womöglich noch die GmbH-Gründung scheitert (etwa weil sich die Gesellschafter zwischenzeitlich zerstreiten), stellt sich regelmäßig die Frage: Wer haftet dann? Nun, das kommt darauf an, nämlich wie weit die Gesellschaftsgründung vorangeschritten ist.

Sie bekommen also eigentlich keine Probleme, wenn Sie sich an den im vorherigen Kapitel dargestellten Gründungsstadien – Vorgründungsgesellschaft und Vor-GmbH – orientieren.

Aufgaben zu Kapitel 15 – Block I

Aufgabe 15.1

Wonach richtet sich die Haftung, wenn es sich um eine *Vorgründungsgesellschaft* handelt?

Aufgabe 15.2

Wonach richtet sich die Haftung, wenn es sich um eine *Vor-GmbH* handelt?

Aufgabe 15.3

Haften die Gesellschafter einer *Vor-GmbH*?

Aufgabe 15.4

Haften die handelnden Akteure (zum Beispiel Geschäftsführer) im Gründungsstadium?

Kurz wiederholt: Die Basics zur Haftung bei der GmbH

Ist die GmbH in das Handelsregister eingetragen, ist alles unter Dach und Fach. Wenn es um Fragen der Haftung geht, sollten Sie wieder unterscheiden, und zwar zwischen

- ✓ der **Haftung der GmbH** selbst,
- ✓ der **Haftung der Gesellschafter** sowie
- ✓ der **Haftung des Geschäftsführers**.

Zu alledem nun wieder einige Aufgaben.

Aufgaben zu Kapitel 15 – Block II

Aufgabe 15.5

Wofür haftet eine GmbH und worauf lässt sich die Haftung stützen?

Aufgabe 15.6

Haftet eine GmbH für Verbindlichkeiten der *Vor-GmbH*?

Aufgabe 15.7

Worauf lässt sich eine Haftung stützen, wenn es um ein deliktisches Fehlverhalten der Organe geht?

Aufgabe 15.8

Warum ist der Begriff »Gesellschaft mit beschränkter Haftung« etwas trügerisch?

Aufgabe 15.9

Wie haften die Gesellschafter einer GmbH?

Aufgabe 15.10

Haften die Geschäftsführer einer GmbH?

Alles gewusst? Lösungshinweise zu Kapitel 15

Aufgabe 15.1

Wenn im Stadium der *Vorgründungsgesellschaft* gehandelt wurde, wenden Sie ganz einfach die Haftungsregeln der GbR oder – wenn ein *Handelsgewerbe* betrieben wird – das der OHG an (sehen Sie dazu gegebenenfalls noch einmal in den vorhergehenden Kapiteln nach).

Aufgabe 15.2

Wenn im Stadium der *Vor-GmbH* gehandelt wurde, müssen Sie beachten, dass die (gesetzlich nicht geregelte) Vor-GmbH als eigene rechtsfähige Rechtsform (*sui generis*) gilt. Sie ist zwar schon fast so etwas wie eine GmbH, haftet aber im Unterschied zu ihr unbeschränkt.

Fragen Sie sich also einfach, ob es sich noch um eine *Vorgründungsgesellschaft* oder schon um eine *Vor-GmbH* handelt.

Aufgabe 15.3

Für die Gründungsgesellschafter der Vor-GmbH gibt es ebenso wenig wie für die Vor-GmbH selbst eine gesetzliche Regelung. Merken Sie sich: Gläubiger können sich selbst nur an die Vor-GmbH, nicht an die Gründungsgesellschafter wenden. Allerdings kann die Vor-GmbH ihrerseits im Innenverhältnis von den Gesellschaftern für entstandene Verluste einen (den Anteilen entsprechenden) Ausgleich verlangen (sogenannte *unbeschränkte Innenhaftung*).

Aufgabe 15.4

Ja! Eine gesetzliche Regelung finden Sie direkt in § 11 Abs. 2 GmbHG: Wenn vor der Eintragung im Namen der Gesellschaft gehandelt worden ist, so haften die Handelnden (zum Beispiel die Geschäftsführer) persönlich und solidarisch.

Aufgabe 15.5

Die Gesellschaft haftet zunächst einmal für selbst begründete Verbindlichkeiten (§ 13 Abs. 1 GmbHG).

Aufgabe 15.6

Ja! Sie haftet für Verbindlichkeiten der Vor-GmbH dann, wenn daraus eine GmbH geworden ist: Mit dem Handelsregistereintrag erlischt die Vor-GmbH, wobei ihre Rechte und Pflichten ganz von allein auf die GmbH als Rechtsnachfolgerin übergehen (explizit geregelt ist das nicht; das müssten Sie also ausnahmsweise wissen).

Aufgabe 15.7

Die GmbH haftet für ein deliktisches Handeln ihrer Organe nach § 31 BGB.

Aufgabe 15.8

Die Bezeichnung »Gesellschaft mit beschränkter Haftung« ist etwas trügerisch, weil die Gesellschaft selbst im Grunde unbeschränkt mit dem kompletten Gesellschaftsvermögen haftet. Beschränkt ist eher die Haftung der Gesellschafter: Sie haften grundsätzlich überhaupt nicht (Haftungsprivileg).

Aufgabe 15.9

Grundsätzlich überhaupt nicht – das ergibt sich im Umkehrschluss aus § 13 Abs. 2 GmbHG (zwar gibt es vereinzelte Ausnahmen, aber die dürften Ihnen in Anfängerprüfungen kaum begegnen). Hier ist also vieles einfacher als bei den Personengesellschaften.

Aufgabe 15.10

Ja! Lesen Sie dazu § 43 Abs. 2 GmbHG: Geschäftsführer, die ihre Obliegenheiten verletzen, haften solidarisch für den entstandenen Schaden. Das aber nur gegenüber der GmbH (die Vorschrift greift nicht zugunsten etwaiger Gläubiger der Gesellschaft).

Lösungen der Testaufgaben zu Beginn der Teile

Teil I (1. Tag) Gleich mittendrin: Die Grundlagen, der Kaufmann und das Registerrecht

Aufgabe Kapitel 1

Sie sind für dieses Kapitel gut gewappnet, wenn Sie parat haben, dass

- ✓ das Handelsrecht für eine besondere Gruppe von Beteiligten gilt (Sonderrecht) und die Rechtsbeziehung zwischen gleichgeordneten Rechtssubjekten regelt (Privatrecht), wobei mindestens ein Beteiligter regelmäßig Kaufmann sein muss (Kaufmannsrecht).
- ✓ Personen- und Kapitalgesellschaften sich in mancher Hinsicht gleichen: So handelt es sich regelmäßig um einen Zusammenschluss mehrerer Personen (bei Kapitalgesellschaften kann es auch eine Person sein), zu einem gemeinsamen Zweck und das auf einer privatrechtlichen Grundlage. Bei Kapitalgesellschaften kommt hinzu, dass sie körperschaftlich strukturiert sind und Organe für die Gesellschaft handeln.
- ✓ mit dem *Innenverhältnis* die rechtliche Beziehung der Gesellschafter untereinander geregelt ist, mit dem *Außenverhältnis* das Verhältnis der Gesellschafter sowie der Gesellschaft gegenüber Dritten und wenn Sie davon abgrenzen können, dass die *Innengesellschaft*, anders als die *Außengesellschaft,* nicht nach außen in Erscheinung tritt.
- ✓ sich die *Geschäftsführung* auf das rechtliche Dürfen im Innenverhältnis bezieht, während die *Vertretung* das rechtliche Können im Außenverhältnis betrifft.
- ✓ die Grundsätze der freien Rechtsformwahl, des Rechtsformzwangs und der Vertragsfreiheit bedeutsam sind und Sie obendrein zwischen dem Prinzip der Selbstorganschaft bei Personengesellschaften und dem Prinzip der Fremdorganschaft bei Kapitalgesellschaften unterscheiden können.

Falls Sie sich bei alledem doch nicht (mehr) ganz sicher sind, knöpfen Sie sich ganz einfach noch einmal Kapitel 1 vor.

Aufgabe Kapitel 2

Sie sind für dieses Kapitel gut gewappnet, wenn Sie parat haben, dass

- ✓ jemand durch das Betreiben eines Handelsgewerbes zum Istkaufmann wird (§ 1 HGB).
- ✓ jemand durch Eintragung der Firma in das Handelsregister zum Kannkaufmann wird (§ 2 HGB).

- ✓ Personenhandelsgesellschaften und körperschaftlich strukturierte Gesellschaften aufgrund ihrer Rechtsform Formkaufleute (§ 6 HGB) sind.
- ✓ jemand nach der so genannten Lehre vom Scheinkaufmann wie ein Kaufmann behandelt wird, obwohl er selbst keiner ist.

Sind Sie sich bei einer dieser Fragen nicht (mehr) ganz sicher? Dann werfen Sie einen Blick in Kapitel 2.

Aufgabe Kapitel 3

Sie sind für dieses Kapitel gut gewappnet, wenn Sie parat haben, dass

- ✓ im Handelsregister bestimmte (eintragungspflichtige und eintragungsfähige) Tatsachen stehen, die für den Rechtsverkehr bedeutsam sind.
- ✓ folgende Schritte zu unterscheiden sind: Anmeldung, Eintragung, Bekanntmachung.
- ✓ dem Handelsregister vor allem eine Publikationsfunktion, Beweisfunktion und Schutzfunktion zukommt.
- ✓ § 15 HGB eine maßgebliche Rolle spielt und Ihnen die darin verankerten Publizitätswirkungen vertraut sind.

Falls Sie sich bei alledem doch nicht (mehr) ganz sicher sind, knöpfen Sie sich ganz einfach noch einmal Kapitel 3 vor.

Teil II (2. Tag) Die Nächste Etappe: Die Firma und die Vertretung des Kaufmanns

Aufgabe Kapitel 4

Sie sind für dieses Kapitel gut gewappnet, wenn Sie parat haben, dass

- ✓ in der Umgangssprache der Begriff »Firma« oftmals synonym für ein »Unternehmen« genutzt wird, während handelsrechtlich damit der Name des Kaufmanns gemeint ist.
- ✓ die beiden Bestandteile einer Firma der Firmenkern und der Rechtsformzusatz (§ 19 HGB) sind.
- ✓ die Firmenunterscheidbarkeit, die Firmenwahrheit, die Firmeneinheit, die Firmenöffentlichkeit und die Firmenbeständigkeit zu den zentralen Firmengrundsätzen gehören.
- ✓ bei der Fortführung einer Firma der Erwerber gegebenenfalls für die Altverbindlichkeiten einstehen muss (§ 25 Abs. 1 HGB). Zugleich gibt es noch Besonderheiten für die Haftung eines Erben bei der Fortführung einer Firma (§ 27 HGB) sowie für denjenigen, der in das Geschäft eines Kaufmanns eintritt (§ 28 HGB).

Schauen Sie sich noch einmal Kapitel 4 an, wenn Sie das noch nicht wissen.

Aufgabe Kapitel 5

Sie sind für dieses Kapitel gut gewappnet, wenn Sie parat haben, dass

- ✓ es bei der Stellvertretung darum geht, dass der Stellvertreter für einen anderen, den Vertretenen, eine Willenserklärung abgibt, die dann wirksam ist, wenn er in fremden Namen handelt und Vertretungsmacht besitzt.
- ✓ die Prokura eine besondere handelsrechtliche Vertretungsmacht ist.
- ✓ sich die Prokura und die Handlungsvollmacht insbesondere im Hinblick auf das Erteilen, den Umfang und die Eintragung ins Handelsregister durchaus voneinander unterscheiden.
- ✓ ein Ladenangestellter nach § 56 HGB eine besondere Vertretungsmacht besitzt.

Falls Sie sich bei alledem doch nicht (mehr) ganz sicher sind, nehmen Sie sich noch einmal Kapitel 5 vor.

Teil III (3. Tag) Heute sind Sie »busy«: Die Handelsgeschäfte

Aufgabe Kapitel 6

Sie sind für dieses Kapitel gut gewappnet, wenn Sie parat haben, dass

- ✓ im vierten Buch des HGB (ab §§ 343 HGB) wie an einer Perlenschnur zunächst allgemeine Regelungen für alle Arten von Handelsgeschäfte aufgelistet sind und sich ab §§ 373 ff. HGB für einzelne besondere Typen von Handelsgeschäften (insbesondere für den *Handelskauf*) zusätzliche Regelungen finden.
- ✓ Handelsgeschäfte zunächst einmal alle Geschäfte eines Kaufmanns (§ 343 HGB) sind, wobei es manchmal für die Anwendung bestimmter Vorschriften ausreicht, dass einer der Beteiligten Kaufmann ist (*einseitiges* Handelsgeschäft), manchmal aber beide Parteien Kaufleute sein müssen (*beidseitiges* Handelsgeschäft).
- ✓ nach dem BGB das Schweigen im Rechtverkehr grundsätzlich keinen Erklärungswert hat, es im HGB aber zwei Ausnahmen von diesem Grundsatz gibt: Einmal das Schweigen im Rahmen einer Geschäftsbesorgung (§ 362 HGB) und zum anderen das gesetzlich nicht geregelte Schweigen auf das so genannte kaufmännische Bestätigungsschreiben (gesetzlich nicht geregelt).
- ✓ die maßgeblichen handelsrechtlichen Modifikationen vor allem folgende Punkte betreffen: die *Bürgschaft* (§§ 349, 350 HGB), den *gutgläubigen Erwerb von Nichtberechtigten* (§ 366 HGB) die *Genehmigungsfiktion beim Handelskauf* (§ 377 HGB).

Wussten Sie dies noch nicht, schauen Sie noch einmal in Kapitel 6.

Aufgabe Kapitel 7

Sie sind für dieses Kapitel gut gewappnet, wenn Sie parat haben, dass

- ✓ vor allem der *Handelskauf* und das *Kommissionsgeschäft* wichtige besondere Handelsgeschäfte sind.
- ✓ das HGB den Handelskauf gegenüber dem BGB in vier Punkten modifiziert und zwar hinsichtlich des *Annahmeverzugs*, des *Bestimmungskaufs*, des *Fixhandelskaufs* und der – prüfungsrelevanten (!) – *Sachmängelhaftung*.
- ✓ das Kommissionsgeschäft ein besonderes Handelsgeschäft ist, bei welchem der so genannte Kommissionär gewerbsmäßig für einen anderen (Kommittenten) im eigenen Namen Waren oder Wertpapiere kauft oder verkauft.

Und? Haben Sie es alles gewusst? Wenn nicht, knöpfen Sie sich ganz einfach noch einmal Kapitel 7 vor.

Teil IV (4. Tag) Von jetzt an nicht mehr allein: Die Gesellschaft bürgerlichen Rechts

Aufgabe Kapitel 8

Sie sind für dieses Kapitel gut gewappnet, wenn Sie parat haben, dass

- ✓ die Gründung einer GbR denkbar einfach ist: Der Gesellschaftszweck ist weit gefasst und der (regelmäßig formfreie) Abschluss eines Gesellschaftsvertrag genügt. Weitere Erfordernisse (insbesondere ein Eintrag in das Handelsregister) sind regelmäßig nicht erforderlich.
- ✓ die Geschäftsführung allen Gesellschaftern gemeinschaftlich zusteht (§ 709 BGB), wobei allerdings abweichende Regelungen vereinbart werden können (und in der Praxis oft auch vereinbart werden).
- ✓ die Vertretungsberechtigung an die Geschäftsführung gekoppelt ist (§ 714 BGB).
- ✓ den Gesellschaftern vor allem bestimmte Mitverwaltungsrechte (etwa die Geschäftsführung oder das Stimmrecht) zustehen und daneben insbesondere eine Treuepflicht besteht (aus § 242 BGB abgeleitet).

Falls Sie sich bei alledem doch nicht (mehr) ganz sicher sind, werfen Sie noch einmal einen Blick in Kapitel 8.

Aufgabe Kapitel 9

Sie sind für dieses Kapitel gut gewappnet, wenn Sie parat haben, dass

✓ eine Außen-GbR inzwischen weitgehend als rechtsfähig anerkannt ist, weshalb sie selbst mit ihrem Gesellschaftsvermögen haftet. Die rechtliche Grundlage dafür ist § 124 HGB *analog*.

✓ auch die Gesellschafter einer GbR persönlich haften. Die rechtliche Grundlage dafür ist § 128 HGB *analog*. Vergessen Sie aber nicht die weiteren Haftungstatbestände: Die Haftung für Altverbindlichkeiten vor dem Eintreten in die GbR (130 HGB *analog*) und die Nachhaftung beim Ausscheiden aus der Gesellschaft (§ 736 Abs. 2 BGB i.V.m. 160 HGB).

Haben Sie es noch nicht parat? Ein Blick in Kapitel 9 hilft Ihnen weiter.

Teil V (5. Tag) Dem Ziel ein Stück näher: Die offene Handelsgesellschaft

Aufgabe Kapitel 10

Sie sind für dieses Kapitel gut gewappnet, wenn Sie parat haben, dass

✓ die Gründung einer OHG in erster Linie dann möglich ist, wenn der Gesellschaftszweck auf den Betrieb eines Handelsgewerbes gerichtet ist (§ 105 Abs. 1 HGB) und die Gesellschaft nach außen entweder durch Eintragung in das Handelsregister oder mit Aufnahme der Geschäftstätigkeit wirksam wird (§ 123 Abs. 1, 2 HGB). Wenn die OHG ein Kleingewebe betreibt oder Vermögen verwaltet, dann ist die Eintragung in das Handelsregister sogar *konstitutiv*.

✓ die Geschäftsführung grundsätzlich allen Gesellschaftern einzeln zusteht (§ 114 Abs. 1 HGB), wobei andere Absprachen zulässig sind.

✓ die Vertretungsbefugnis grundsätzlich ebenfalls allen Gesellschaftern einzeln zusteht, jedoch gesellschaftsvertraglich auch etwas anderes vereinbart werden kann (siehe zu alledem § 125 HGB). Bei der *unechten Gesamtvertretung* sollte Ihnen einfallen, dass eine solche Vertretungskonstellation (Gesellschafter zusammen mit einem Prokuristen) mit Blick auf das Prinzip der Selbstorganschaft nicht unproblematisch ist und letztlich nur als zulässig angesehen wird, wenn daneben entweder Einzelvertretung oder echte Gesamtvertretung besteht.

✓ den Gesellschaftern vor allem bestimmte Mitverwaltungsrechte (etwa das Recht zur Geschäftsführung oder das Stimmrecht) zustehen sowie ein besonderes Kontrollrecht (§ 118 HGB). Vor allem sind es aber die Pflichten wie die Treuepflicht oder das Wettbewerbsverbot (§§ 112 f. HGB), deren Verletzung sogar zu einer Schadensersatzpflicht führen kann (Anspruchsgrundlage: § 280 BGB).

Falls Sie sich bei alledem doch nicht (mehr) ganz sicher sind, knöpfen Sie sich ganz einfach noch einmal Kapitel 10 vor.

Aufgabe Kapitel 11

Sie sind für dieses Kapitel gut gewappnet, wenn Sie parat haben, dass

- ✓ eine OHG als rechtsfähig angesehen wird und daher selbst mit dem Gesellschaftsvermögen haftet (§ 124 HGB).
- ✓ die Gesellschafter einer OHG ebenfalls für die Verbindlichkeiten einstehen müssen (§ 128 HGB). Sie haften bei Vorliegen der Voraussetzungen außerdem für Altverbindlichkeiten vor dem Eintreten (§ 130 HGB) und im Rahmen der Nachhaftung bei einem Ausscheiden (§ 160 HGB).

Kapitel 11 hilft Ihnen auf die Sprünge, wenn Sie noch unsicher sind.

Teil VI (6. Tag) Endspurt: Die Kommanditgesellschaft

Aufgabe Kapitel 12

Sie sind für dieses Kapitel gut gewappnet, wenn Sie parat haben, dass

- ✓ die KG im Grunde auf der OHG aufbaut und das kennzeichnende Merkmal der KG die unterschiedliche Gesellschafterstruktur mit mindestens einem persönlich haftenden Komplementär sowie weiteren beschränkt haftenden Kommanditisten ist.
- ✓ die Geschäftsführung dem oder den Komplementären obliegt (§§ 161 Abs. 2, 114 ff. HGB) und die Kommanditisten regelmäßig davon ausgeschlossen sind (§ 164 HGB), wobei andere Regelungen aber durchaus zulässig sind.
- ✓ die originäre Vertretung der Gesellschaft den Komplementären obliegt (§§ 161 Abs. 2, 125 HGB), während der Kommanditist explizit keine originäre Vertretungsmacht hat (§ 170 HGB); allerdings sind andere Absprachen (etwa das Erteilen einer Prokura) möglich.

Falls Sie sich bei alledem doch nicht (mehr) ganz sicher sind, schauen Sie in Kapitel 12.

Aufgabe Kapitel 13

Sie sind für dieses Kapitel gut gewappnet, wenn Sie parat haben, dass

- ✓ die Haftung einer KG wie bei der OHG funktioniert. Sie haftet also insbesondere für eigene Verbindlichkeiten (§§ 161 Abs. 2, 124 HGB).
- ✓ bei der Haftung der Gesellschafter zu unterscheiden ist: Während die Komplementäre wie die Gesellschafter einer OHG haften, ist es bei den Kommanditisten etwas verzwickter: Hier sollten Ihnen vor allem § 171 HGB mit seinem Regel/Ausnahme-Verhältnis einfallen. Ist die KG noch nicht im Handelsregister eingetragen, müssen Sie an § 176 HGB denken. Und wenn es um den Eintritt eines Kommanditisten in eine bestehende KG geht, so hilft einmal mehr § 176 Abs. 2 HGB.

✓ die originäre Vertretung der Gesellschaft den Komplementären obliegt, wobei andere gesellschaftsvertragliche Absprachen nur eingeschränkt zulässig sind (was etwa das Erteilen einer Prokura angeht).

Haben Sie diese Fragen richtig beantwortet? Wenn ja, dann können Sie Kapitel 13 erst einmal zurückstellen

Teil VII (7. Tag) Geschafft: Die Gesellschaft mit beschränkter Haftung

Aufgabe Kapitel 14

Sie sind für dieses Kapitel gut gewappnet, wenn Sie parat haben, dass

✓ die Gründung einer GmbH im Unterschied zu einer Personengesellschaft in unterschiedlichen Phasen abläuft: Angefangen von der Vorgründungsgesellschaft über die Vor-GmbH bis hin zur eigentlichen GmbH.

✓ die Geschäftsführung dem Geschäftsführer obliegt (§§ 35 ff. GmbHG).

✓ der Geschäftsführer zugleich auch die Gesellschaft vertritt (§ 35 GmbHG).

Haben Sie hier noch Wissenslücken? Dann schauen Sie in Kapitel 14.

Aufgabe Kapitel 15

Sie sind für dieses Kapitel gut gewappnet, wenn Sie parat haben, dass

✓ bei der Haftung im Gründungsstadium zu unterscheiden ist: Solange es sich um eine *Vorgründungsgesellschaft* handelt, richtet sich die Haftung nach den Regeln einer Personengesellschaft (entweder GbR oder OHG). Wenn eine *Vor-GmbH* besteht, so haftet sie als Rechtsform *sui generis* ebenfalls unbeschränkt (spezielle Regelungen dazu gibt es allerdings nicht).

✓ die GmbH eigentlich unbeschränkt haftet und zwar mit ihrem kompletten Gesellschaftsvermögen (§ 13 Abs.1 GmbHG).

✓ die Gesellschafter im Unterschied zu den Gesellschaftern einer Personengesellschaft regelmäßig aus dem Schneider sind und gar nicht haften (von wenigen Ausnahmen einmal abgesehen, die allerdings für Einsteiger nicht prüfungsrelevant sind).

Falls Sie sich bei alledem doch nicht (mehr) ganz sicher sind, dann hilft Ihnen ein Blick in Kapitel 15.

Stichwortverzeichnis

H

Wirtschaft geht uns alle an!

ISBN 978-3-527-70820-8

Angebot und Nachfrage, Rezession und Inflation: Was verbirgt sich hinter diesen Begriffen? Was versteht man unter Makroökonomie und Mikroökonomie und mit was befassen sich Ökonomen sonst noch? Sean Masaki Flynn beantwortet Ihnen diese und weitere Fragen und erklärt Ihnen auf verständliche Art die Grundzüge der Wirtschaft.

ISBN 978-3-527-70912-0

»BWL für Dummies« ist eine kompetente, prägnante und umfassende Einführung in die Betriebswirtschaftslehre. Dabei stellen die Autoren die wesentlichen Elemente und Grundbegriffe der Betriebswirtschaftslehre vor und zeigen die Bezüge zur Unternehmenspraxis auf.

ISBN 978-3-527-70375-3

Mit vielen Praxisbeispielen vermittelt »Wirtschaftsmathematik für Dummies« die Mathematikgrundlagen, die für Wirtschaftswissenschaftler von Belang sind: Algebra, Analysis, Lineare Algebra, Wahrscheinlichkeitsrechnung und Finanzmathematik.